Role-play로 배우는 실무

항공여객운송 서비스

Air Passenger Transport Services: Practice with Role-play

Lee Yoo Na

ISBN-13: 978-89-6218-583-6

Cengage Learning Korea Ltd.
14F YTN Newsquare 76 Sangamsan-ro
Mapo-gu Seoul 03926 Korea

Cengage is a leading provider of customized learning solutions with employees residing in nearly 40 different countries and sales in more than 125 countries around the world. Find your local representative at: **www.cengage.com.**

To learn more about Cengage Solutions, visit **www.cengageasia.com.**

Printed in Korea
Print Number: 01 Print Year: 2025

Air Passenger Transport Services

Role-play로 배우는 실무

항공여객운송 서비스

이유나 지음

Cengage

Australia • Brazil • Canada • Mexico • Singapore • United Kingdom • United States

Role-play로 배우는 실무

항공여객운송 서비스

초판 1쇄 인쇄	2025년 3월 7일
초판 1쇄 발행	2025년 3월 14일
지은이	이유나
발행인	리리안후아, 탄록민
편집기획	김민정
발행처	센게이지러닝코리아(주)
등록번호	제313-2007-000074호(2007.3.19)
주소	서울시 마포구 상암산로 76 YTN 뉴스퀘어 14층
이메일	asia.infokorea@cengage.com
홈페이지	www.cengage.co.kr
ISBN-13	978-89-6218-583-6

정가 26,000원

머리말

이 책은 항공 서비스를 전공하는 학생들과 항공여객운송 서비스를 담당하는 지상직과 일반직 직무에 관심이 있는 학습자, 그리고 항공사 및 공항에서 해당 업무 교육을 받는 신입 직원들을 위해 집필되었다. 복잡한 이론을 넘어, 공항 현장에서 실질적으로 필요한 핵심 이론과 실무 내용을 중심으로 구성하여 실용적인 학습이 이루어질 수 있도록 하였다. 특히, 본서에 담긴 모든 롤플레이 사례들은 저자가 공항 현장 근무 시 직접 경험한 상황을 바탕으로 작성되었으며, 실제 문제 해결 과정에서 도출한 핵심 포인트(Key Point)를 반영하였다. 단순한 이론적 접근을 넘어서, 공항에서 발생할 수 있는 다양한 상황을 해결하는 데 도움이 되는 실무적 지식을 제공하는 것을 목표로 한다.

이 책의 두드러진 특징은 기존의 주입식 및 암기식 교육 방식을 넘어, 학생들이 흥미롭고 적극적으로 참여할 수 있도록 다채롭게 구성되었다는 점이다. 각 장에서는 이론 학습뿐만 아니라 국내외 항공사의 서류 작성 실습, 페르소나 기반 롤플레이, 상황 대처 및 문제 해결, 그룹 토론 등을 통해 개념과 이론을 현실에 적용할 수 있도록 구성하였다. 각 장을 다루기 전에, '페르소나(Persona) 구성 가이드'를 제시하여 현장에서 마주하는 다양한 승객의 상황을 설정하고 이에 대처하는 실습을 하도록 하였다. 그리고 부록에는 핵심 용어 및 코드 정리를 포함하여 기본 개념을 쉽게 익힐 수 있도록 하였다.

이 책은 총 다섯 개의 장으로 구성되어 있다. Chapter 01은 '도움이 필요한 승객' 부분으로, 휠체어 이용 승객, 임산부 등 도움이 필요한 승객을 위한 맞춤형 응대 방법과 절차를 다루며, 승객 편의를 극대화하면서도 운송 효율성을 유지하는 실무 노하우를 제공한다. Chapter 02는 '탑승 수속 카운터' 부분으로, 예약 확인, 좌석 배정, 출입국 절차 지원 등 승객과의 첫 접점에서 수행해야 할 전문 업무를 다룬다. 서류 및 수하물 확인을 통해 안전한 출입국을 지원하며, 신속하고 정확한 서비스로 승객 만족도를 높이는 데 중점을 둔다. Chapter 03은 '탑승 게이트' 부분으로, 객실 및 운항 승무원, 램프 · 카고 · 정비 등 다양한 부서와 협력하여 원활한 탑승 절차를 진행하는 방법을 소개한다. 게이트에서 발생할 수 있는 변수와 효과적인 문제 해결 방안을 다룬다. Chapter 04는 '수하물' 부분으로, 분실 · 파손 등 수하물 문제 발생 시 신속하고 효율적으로 대응하는 실무 절차를 설명하며, 지상직 직원의 전문성을 강화하는 데 초점을 맞춘다. Chapter 05는 '방송문' 부분으로, 공항 내 방송을 통해 승객의 혼란을 방지하고 원활한 소통을 돕는 방법을 다룬다. 다양한 상황에 맞춘 필수 방송문을 제시하며, 한국어 · 영어로 명확하게 전달하는 능력을 배양하게끔 안내한다.

이 책이 출간되기까지 아낌없는 열정과 진심을 다해 주신 센게이지러닝코리아의 권오영 부장님과 김민정 과장님, 그리고 완성도 높은 집필을 위해 세심하게 살펴주신 교정과 편집을 맡아 주신 모든 분들께 깊이 감사드린다. 또한 비엣젯항공 한국지사의 Dr. Tran Hai Linh 지사장님, 김윤태 본부장님, 정현영 지점장님, 전 이건호 소장님께 진심 어린 감사의 마음을 전한다. 바쁜 공항 업무 중에도 학문적 성장과 학자로서의 꿈을 이어 갈 수 있도록 아낌없는 지지와 배려를 보내 주신 덕분에, 실무적 전문성을 깊이 있게 탐구할 수 있었다. 본부장님께서 전수해 주신 탄탄한 실무 경험과 통찰은 연구자로서의 토대를 마련하는 데 중요한 밑거름이 되었으며, 그 바탕은 이 교재 집필의 초석이 되었다. 또한 각 항공사에서 활약 중인 옛 공항 동료들의 의미 있는 조언과 자문 덕분에 보다 현실적인 내용을 담을 수 있었다. 따뜻한 격려와 통찰이 교재 집필 과정에서 많은 힘이 되었다. 앞으로도 더욱 빛나는 길을 걸어가길 응원한다.

마지막으로 이 책이 모든 학생들에게 현실적인 도움이 되기를 기대하며, 나아가 항공 분야에서 꿈을 실현하는 데 있어 소중한 자원이 되기를 바란다.

저자 이유나

페르소나(Persona) 구성 가이드

공항과 항공사의 첫 이미지를 형성하고, 고객 서비스에 큰 영향을 미치는 지상직 직원의 역할은 매우 중요하다. 그들의 상황 대처 역량은 승객 만족도에 직접적인 영향을 미치며, 자기효능감, 희망적인 자세, 낙관적인 태도가 강화될수록 조직에 대한 애착이 커지고, 승객의 기대를 뛰어넘는 서비스를 제공할 수 있다. 반면, 회복탄력성이 낮으면 어려운 상황에서 정서적 몰입도가 낮아져 고객 응대 품질이 떨어질 수 있다.

본 가이드는 지상직 직원들이 다양한 승객에게 효과적으로 응대할 수 있도록 페르소나 승객을 설정하고, 그에 맞는 다양한 상황 대처 능력을 기르는 역할극(Role-play)을 수행할 수 있도록 돕기 위한 내용이다. 실제 공항에서의 업무 상황을 반영한 Case Study를 바탕으로 페르소나 승객을 구성하고, 이를 통해 발생할 수 있는 다양한 시나리오를 연습하여 실전 감각을 키우고 상황별 대응 능력을 강화해 보자.

1) 페르소나 구성 방법

페르소나를 구성할 때는 승객의 성격, 요구사항, 항공 여행의 특성 등을 반영하여 상황에 맞게 설정하는 것이 중요하다. 이를 통해 지상직 직원들이 다양한 유형의 승객에게 효과적으로 대응할 수 있도록 한다. 각 승객의 특징을 명확히 구성해 보자.

페르소나 구성하기

bebe/iStock/Getty Images Plus

		이름	이유나
		국적(3CODE)	KOR
		성별	여
		Airline	비엣젯항공
		FLT No.	VJ979
		Class	Y class
		Departure	ICN
해외 여행 경험	20회	Destination	PQC
여행 목적	관광	PAX S/U	1255
여행 기간	5박 6일	STD/STA	0210/0600
동반인	친구	ETD/ETA	0220/0610
특이사항	여권 만료일 6개월 부족		
여행지 국가 출입국 규정	베트남 입국 시 한국인 무비자 45일 / 긴급 여권으로 입국 시 비자 필요		

페르소나 구성 예시

항목	예시
이름	Elly Lee, Timothy Kim, Helen, Tran Hai Linh, Miguel Angel 등
국적(3CODE)	KOR, USA, VNM, ESP 등
성별	남성(M), 여성(F)
Airline	대한항공, 티웨이항공, 폴란드항공, 비엣젯항공 등
FLT No.	KE085, VJ961 등
Class	C class, Y class 등
Departure	ICN(제1 여객 터미널, 제2 여객 터미널), GMP, PUS 등
Destination	LAX, MNL, AUS, SGN 등
PAX S/U	각 Chapter에 따른 탑승 수속 카운터, 탑승 게이트, 수하물 수취 구역 등 S/U 시간 작성 등
STD/STA	본인이 설정한 실제 운항 항공편명(FLT No.)에 따른 STD/STA 작성
ETD/ETA	필요할 경우 작성
해외 여행 경험	처음, 1회, 5회 등
여행 목적	단순 관광, 유학, 출장 등
여행 기간	1박 2일, 5박 6일, 1주일, 2개월, 거주자 등
동반인	혼자 여행, 커플, 가족(자녀 2명 동반), 직장 동료 등
특이사항	UM, 전동 휠체어 소지 승객, 비자 미소지, 복항편 기내식 요청, 좌석 위치 변경 요청 등
여행지 국가 출입국 규정	승객 상황(여권 종류, 비자 소지 여부, 면제자 등)에 따라 TIMATIC을 통해 출입국 규정 작성

본 교재에서의 PAX S/U 시간 구성

1. 탑승 수속 카운터: 승객이 공항에 도착해 탑승 수속을 시작하는 시간으로, 지상직 직원과 마주하여 탑승 수속 절차를 밟는 시점 혹은 수속 절차를 밟기 위해 지상직 직원을 만나는 시점(국제선의 경우 출발 3시간 전부터 시작)
2. 탑승 게이트: 승객이 탑승구에서 대기하는 시간으로, 항공기 탑승이 시작되는 시간을 포함하며, 지상직 직원과의 만남이 이루어지는 시점

3. 수하물 수취 구역: 승객이 도착 후 도착 항공편에 따라 수하물을 수취하는 시간으로, 이 시점에서 지상직 직원과 만나는 경우도 발생

2) Role-play 시나리오 설정

앞서 설정한 페르소나 승객의 특성에 맞춰 다양한 상황을 설정하고, 지상직 직원으로서의 상황 대처 역량을 향상하는 것이 목표이다. 역할극은 실제 상황에서의 대처 능력을 증진하기 위한 실습이다. Chapter별 교수자가 제공하는 시나리오를 바탕으로, 실제 공항에서 발생할 수 있는 다양한 상황에 맞춰 역할을 맡고 대처하는 능력을 길러 보자. 이를 통해 지상직 직원으로서의 전문성을 향상해 보자.

시나리오 구성하기

SITUATION

이유나 승객은 베트남 푸꾸옥으로 여행을 떠나려고 한다. 그러나 탑승 수속 카운터에서 여권의 만료일이 6개월 부족하다는 사실을 알게 되었다. 항공편이 새벽 시간대여서 즉시 해결책을 찾아야 하는 상황이다. 또한 푸꾸옥 입국 시 긴급 여권을 소지한 승객에게는 비자가 필요하다고 한다. 지상직 직원으로서 어떻게 대처해야 할까?

시나리오 구성 예시

Chapter 1

도움이 필요한 승객

외국 ○○○항공사의 경우, 임신 32주 이상인 승객은 탑승 수속을 진행하기 전에 건강상태 서약서를 작성하고 의사 소견서를 제출해야 한다. 처음 외국 항공사를 이용하는 한국 거주 베트남 국적의 Tran Hai Linh 승객은 이를 미리 알지 못해 매우 당황한 상황이다. 이 경우, 지상직 직원은 어떻게 응대해야 할까?

Chapter 2

탑승 수속 카운터

Timothy Kim 승객은 베트남 국적에서 한국 국적을 취득한 후, 10년 만에 부모님을 뵈러 다낭에 가려고 한다. 그러나 지상직 직원은 승객이 언제 한국으로 돌아올지 미정인 상황에서는 출입국 규정에 따라 탑승 수속을 진행할 수 없다고 통보했다. 이 경우, 지상직 직원은 어떻게 응대해야 할까?

Chapter 3

탑승 게이트

한국에 거주하는 Miguel Angel 승객은 미국에 있는 딸을 만나러 가기 위해 여행을 준비 중이다. ○○항공사는 기내 수하물 규정에 따라 기내 수하물 1개와 핸드백을 포함해 총 7kg 이하만 허용한다. 탑승 수속 카운터에서 승객의 기내 수하물을 확인한 후 Hand-carry 태그가 부착되었지만, 승객은 탑승 게이트에 가기 전에 추가로 면세점에서 물품을 구매해서 현재 총 3개의 아이템을 소지하고 있다. 이 경우, 지상직 직원은 어떻게 안내해야 할까?

Chapter 4

수하물

Helen 승객은 필리핀 마닐라에서 부모님과 여행을 마치고 한국으로 돌아오는 중이다. 한국 도착 후 수하물 수취 구역에서 기다렸지만, 자신의 수하물이 나오지 않았다. 지방으로 가는 버스를 예약해 둔 Helen은 시간이 촉박해지면서 점점 불안해하고, 결국 수하물이 나오지 않자 화가 난 상태이다. 그러던 중, 수하물 수취 구역에서 다른 업무를 보고 있던 지상직 직원을 발견했다. 이 경우, 지상직 직원은 어떻게 응대해야 할까?

3) Role-play 진행 방식

역할 분담

각 학생은 짝을 이루어 지상직 직원 역할 아니면 승객 역할을 맡는다. 역할에 따라 상황을 파악하고 어떻게 응대할지, 문제를 어떻게 해결할지 실습해 보자. 지상직 직원 역할은 실제 공항에서 승객을 응대하는 것처럼 신속하고 정확하게 대처하고, 승객 역할은 다양한 요구사항과 불편함을 경험하는 측면에서 적절히 반응하는 연습을 하게 된다.

시나리오 이해

교수자가 제공한 시나리오를 충분히 이해한 후, 각 상황에서 발생할 수 있는 여러 가지 상황을 고려해 보자. 이를 위해 'Plan A, B, C'를 준비하여 다양한 경우에 어떻게 대응할지 생각해 보는 것이 핵심이다. 예를 들어, 승객의 요구에 따라 다른 해결책을 제시할 수 있도록 여러 가지 대안을 마련해 두는 것이 중요하다. 다양한 실제 사례를 조사하고, 그와 관련된 토론을 통해 응대 방법을 더 능동적으로 준비할 수 있다.

상황 대처

주어진 상황에서 친절은 기본이지만, 승객의 안전한 출입국을 보장하기 위해서는 출입국 규정이 일순위임을 항상 염두에 두어야 한다. 공항의 탑승 수속 카운터나 탑승 게이트에서는 핸들링 시간이 제한적이고 국가별, 국적별로 출입국 규정이 다르므로 승객뿐만 아니라 지상직 직원 역시 본인이 처음 경험하거나 예상치 못한 상황을 마주하여 당황하거나 어려움을 느낄 수 있다. 이럴 때, 승객의 감정을 이해하고 침착하게 공감적 소통을 통해 상황을 원활하게 해결하는 것이 중요하다.

항공사 정책과 출입국 규정은 승객의 출국과 입국이 원활하게 이루어지도록 하는 핵심 요소이다. 승객이 상황을 잘 이해할 수 있도록 정확한 규정과 절차를 설명하고, 그에 맞는 해결책을 제시해야 한다. 특히 예기치 못한 상황에서 신속하고 정확한 응대가 중요하며, 출입국 규정을 준수하며 고객의 안전한 출입국을 돕기 위해 능동적이고 유연한 자세로 업무를 적용하는 것이 최우선 과제임을 명심하자.

4) Role-play 진행 시 고려할 점

승객의 특성 파악

공항은 다양한 국적의 승객들이 모이는 공간이다. 승객의 성격, 국적, 요구사항, 여행 목적 등을 정확히 파악하고 그에 맞는 응대 방식을 설정하는 것이 중요하다. 예를 들어, 급한 일정이 있는 승객에게는 빠르고 간결하게 설명을 제공하며, 여러 국적의 승객을 대면하는 직업인 만큼 고객의 눈높이에 맞춰 친절하고 정중하게 응대하는 것이 기본이다. 이는 승객의 전반적인 경험을 향상하는 데 중요한 역할을 한다.

상황별 대처 능력

승객은 다양한 상황에서 불편을 겪을 수 있으며, 지상직 직원은 이를 잘 파악하고 신속하게 대처해야 한다. 이때 중요한 것은 승객의 감정을 이해하고 공감하는 것이다. 공감적 소통을 통해 승객이 느끼는 불안이나 불편을 최소화하며, 상황에 맞는 적절한 대응으로 승객의 스트레스를 줄이는 것이 핵심이다. 승객의 상황에 따라 필요한 조치를 유연하게 취할 수 있는 능력이 중요하다.

정확한 규정 및 절차 숙지

승객의 요구사항이나 상황에 맞춰 정확한 정보와 절차를 제공하는 것이 필수이다. 항공사 정책이나 각 국가의 출입국 규정은 자주 변경될 수 있으므로 이를 신속하게 파악하고 숙지하는 것이 가장 중요한 역할이다. 지상직 직원이 정확한 규정을 안내할 수 있어야 승객은 신뢰를 느끼며, 문제 해결 과정이 원활하게 이루어질 수 있다. 이를 통해 승객에게 안정감과 신뢰감을 줄 수 있다.

효율적인 문제 해결

승객의 요구를 빠르고 정확하게 해결하기 위해서는 여러 가지 해결책을 제시하고 유연한 사고로 문제에 접근해야 한다. 승객이 겪고 있는 문제에 대해 최선의 해결책을 제공하며, 안전하고 만족스러운 출입국 절차를 보장하는 것이 중요하다. 만약 본인이 해결하기 어려운 경우, 즉시 상사에게 도움을 요청하여 문제를 신속하게 해결할 수 있도록 하는 능동적인 자세가 필요하다. 이러한 접근은 승객에게 좋은 인상을 남기고, 공항과 항공사 서비스의 품질을 높이는 데 기여한다.

역할극 수행 후 피드백

각 역할극이 끝난 후, 교수님이나 동료들이 제공하는 피드백을 바탕으로 자신이 어떻게 더 나은 대응을 할 수 있을지 고민해 보자. 정답은 없다. 기본을 갖추어 규정 안에서 자유롭고 능동적으로 고객 지향적으로 생각해 보자. 피드백을 통해 개선할 점을 찾고, 이를 바탕으로 실제 업무 상황에서 능동적으로 대처할 수 있는 능력을 키워 보자.

차례

CHAPTER 03 탑승 게이트 166

부록 239

CHAPTER 01

도움이 필요한 승객

탑승 수속 카운터는 다양한 필요와 배경을 가진 승객들이 여행을 준비하는 첫 관문이고, 이 과정에서 도움이 필요한 승객을 세심하게 지원하는 것은 항공 여객 운송 서비스의 중요한 일부이다. 제1장은 이러한 승객의 원활한 탑승 절차를 위해 지상직 직원이 갖추어야 할 전문적인 핸들링 지침을 다룬다.

휠체어 필요 승객, 시각 및 청각 장애가 있는 승객, 임신부, 노약자 혹은 혼자 여행하는 소아와 청소년을 포함한 승객을 대상으로, 상황별 적합한 절차와 응대 방식을 설명한다. 특히 국내외 항공사별 정책과 매뉴얼에 따라 승객의 편의를 극대화하면서도 운영 효율성을 유지할 수 있는 방법론에 초점을 맞춘다.

또한 탑승 수속의 첫 단계에서 승객의 요구를 사전에 파악하고 적합한 지원을 제공하기 위해 필요한 대화 기술과 문제 해결 능력, 그리고 관련 부서와의 협력 과정을 심도 있게 다룬다. 승객의 신체 조건과 특수 요구를 정확히 이해하고 필요한 서비스를 신속하게 연결함으로써 승객이 안전하고 편안한 여행 경험을 시작할 수 있도록 돕는 실질적인 노하우도 소개한다.

단순히 승객의 불편 사항을 해결하는 것을 넘어, 항공사와 승객 간 신뢰를 구축하고 탑승 준비부터 안전한 여행을 시작하는 지상직 업무의 핵심을 이해하도록 돕는다.

SECTION

01 임신 중인 승객: EXMO

1) 임신 중인 승객의 기간별 항공 여행 규정

구분	내용
임신 32주 미만	제한 없이 자유롭게 여행할 수 있다.
임신 32~36주	탑승 수속 시 건강상태 서약서 및 증빙 서류를 제출해야 한다.
	증빙 서류: 탑승일 기준으로 7일 이내에 작성된 진단서나 소견서(Medical Certificate) 원본 1부, 사본 2부
	기재 내용: 항공 여행의 적합 여부, 출산(분만) 예정일(주수 포함, 쌍둥이와 조산 여부, 분만 징후 및 임신 관련 합병증 유무, 기내 주의사항 확인 등)
임신 37주 이상 및 다태 임신 33주 이상	임신부와 태아의 건강을 위해 탑승할 수 없다.

* 다태 임신은 국제항공운송협회의 임신부 탑승 가이드라인(IATA Medical Manual Guideline)에 의거하여 단태 임신과 다른 탑승 기준이 적용된다.

* 임신 중인 승객의 기간별 항공 여행 규정/준비 서류는 국내외 항공사마다 약간 상이하다.

- 32주 미만의 임신부는 임신 관련 합병증(당뇨, 임신성 고혈압 등) 및 유산, 조기 출산 가능성이 확인된 경우를 제외하고는 제한 없이 여행할 수 있다.
- 32주 이상~37주 미만의 임신부는 탑승 수속 시 서약서 제출 및 증빙 서류 제출이 필요하다. 증빙 서류로는 탑승일을 기준(복편 탑승일도 동일 적용)으로 7일 이내에 작성된 진단서나 의사 소견서(Medical Certificate)를 총 3부(원본 1부, 사본 2부) 준비해야 한다.

> ☞ 항공 여행의 적합 여부, 출산(분만) 예정일(주수 포함, 쌍둥이와 조산 여부, 분만 징후 및 임신 관련 합병증 유무, 기내 주의사항 확인) 등의 내용이 작성일을 기준으로 의사의 서명과 함께 명기되어야 한다.

- 임신 37주 이상은 고객의 안전을 위해 항공기에 탑승할 수 없으며, 다태 임신은 33

주 이상부터 탑승할 수 없다.

- ☞ 전문가들은 임신 초 3개월까지와 임신 36주 이후에는 항공 여행을 피할 것을 권고한다.
- ☞ 사이판으로 여행 시, 임신 6개월 이상의 임신부는 임신 기간 및 항공 여행 가능 여부가 명기된 의사 소견서(영문)를 준비해야 한다. 사이판 이민국은 임신 8개월 이상인 경우 항공 여행을 피할 것을 권고한다.

의사 소견서 예시

소 견 서

차트번호 569
연번호 2024-00000084

성명	이○○	성별	여	연령	○○세
주소	서울특별시 ○○구			주민등록번호	8*****-*******
병명	기타 정상 임신의 관리. 임신 34주 이상 ~ 37주 미만 분만 예정일: 2024.07.18.				
발병(신고)일시					
소견서 내용	상기인은 현재 임신 34주 2일(분만 예정일: 2024.07.18.)인 초산모로 산전 진찰상 산모와 태아가 모두 특이 소견이 없는 상태로 건강이 양호합니다. 비행기 탑승에 큰 이상은 없을 것으로 판단합니다.				

위와 같이 소견함

발행일자 2024년 6월 5일
의료기관 ○○병원
주소 서울특별시 ○○구
전화 및 팩스 (Tel) 02-0000-0000

의사 김○○

건강상태 서약서가 필요한 고객

- 32주 이상 37주 미만 임신부 고객
- 당뇨 증상 및 특정 알레르기 반응의 처치 목적으로 주사기를 휴대한 고객
- 체내에 의료 장비(인슐린 펌프, 인공 심장 박동기, 척추 자극기 등)가 삽입된 고객
- 급성 감염병 질환 및 전염성 질환을 보유한 고객
- 심근 경색, 협심증, 심부전 등의 심혈관계 질환이 있는 환자 및 심장 수술을 받은 경우
- 만성 폐쇄성 폐질환, 천식, 폐수종, 폐렴, 기흉 등의 호흡기계 질환이 있는 경우
- 뇌졸중, 뇌종양 등의 신경계 질환이 있는 고객
- 최근 한 달 이내 수술을 받은 경우
- 현재 입원 중이거나, 지속적인 치료를 요하는 질환이 있는 경우
- 조절되지 않는 정신과적 질환이 있는 경우

2) 출발지 공항에서의 핸들링 절차

- '도움이 필요한 승객' 전용 카운터가 있는 공항인 경우, 해당 카운터에서 우선 탑승 수속이 가능하다. 해당 항공사와 해외 공항 사정에 따라 수하물 우선 처리 서비스, 출국장 우대 서비스(Fast Track), 항공기 우선 탑승이 가능하다.
- 탑승 수속을 진행하기 전에 의사 소견서 및 서약서를 검토하여 진위 여부를 확인하여 조치한다.

> ☞ 임신 중인 승객이 사전에 운송을 의뢰하지 않고 공항에서 직접 운송을 의뢰하는 경우, 의사 소견서 및 서약서를 제출할 때까지 운송을 보류한다.

- 제출된 의사 소견서 사본 2부 중 1부는 출발지 공항 서비스 지점에서 보관해야 하며, 1부는 승객이 탑승하는 항공편 기내에 로딩한다. 원본 1부는 승객 본인이 보관한다.
- 서약서는 승객 본인 또는 보호자가 2부를 작성하여 제출한다.
- 승객으로부터의 지원 요청이 있을 시, RPA 담당 직원이 탑승까지 Escort한다.

skynesher/E+/Getty Images

의사 진단서를 3월 1일에 발급받은 임신 중인 승객의 여정 예시

3월 2일 ICN–HAN // 3월 8일 HAN–ICN

3월 2일: 소견서 유효

3월 8일: 소견서 유효기간 만료

교통약자 우대출구 서비스

인천국제공항은 교통약자와 사회적 기여자를 대상으로 출국 편의를 제공하기 위해 출국 우대출구를 운영하고 있다. 지상직 직원은 탑승 수속 시, 승객이 제시하는 증빙 자료를 확인한 후 해당 승객에게 교통약자 우대출구 스티커를 탑승권 뒷면에 부착하여 교부한다. 이후 해당 승객은 교통약자 우대출구에서 신원 확인 시 보안 요원에게 탑승권과 함께 탑승권에 부착된 스티커를 제시하면 일반 승객보다 빠르게 탑승 절차를 밟을 수 있다.

교통약자 우대출구 서비스

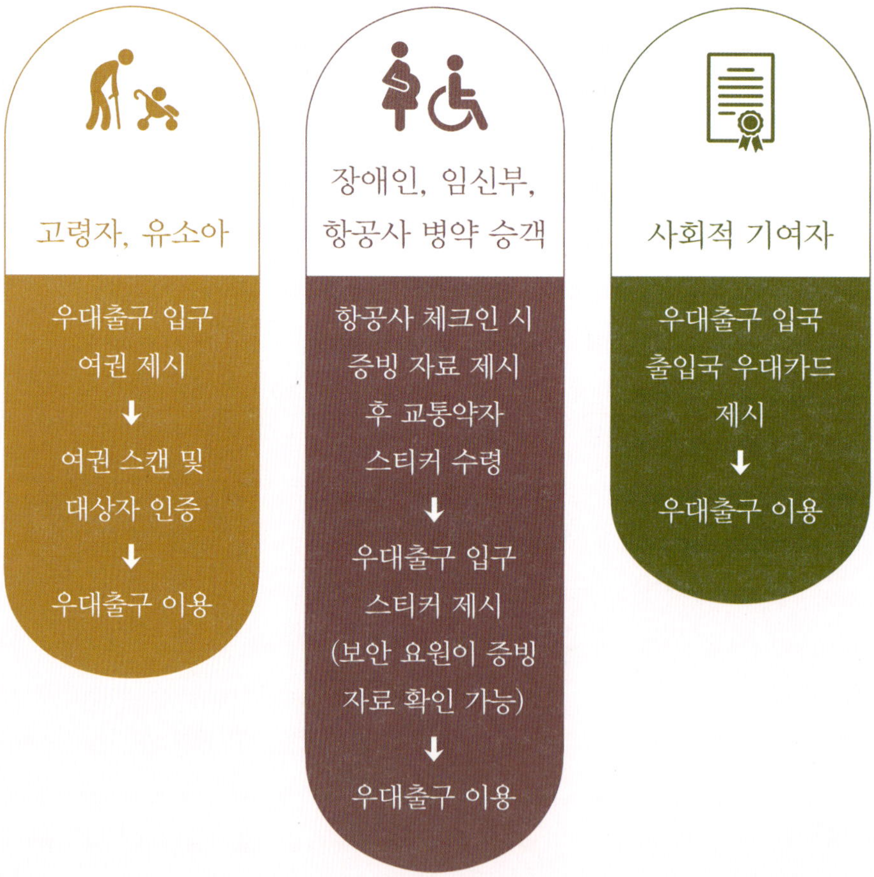

출처: 인천국제공항 홈페이지(https://www.airport.kr) 내용 재구성

공항 내 우대출구 모습

교통약자에 해당하는 고객은 만 70세 이상(여권) 고령자, 만 7세 미만(여권) 유소아이다. 장애인은 보행상 장애인(장애인 복지카드), 임신부는 임신 중인 산모로 산모 수첩을 확인해야 하고, 항공사 병약 승객은 항공사 의료 서비스(휠체어, 항공 침대, 의료용 산소 등)의 이용 고객인지 확인해야 한다. 사회적 기여자는 법무부 출입국 우대카드 소지 여부를 확인하고 최대 3인 동반까지 이용이 가능하다는 점을 기억해야 한다.

참고

교통약자 우대출구 스티커

CASE STUDY 1

⊙ 다음 상황에 맞게 본인이 탑승 수속 직원이라고 가정하고 해결 방안을 작성해 보자. 그 후 짝꿍과 Role-play를 진행하기 위해 대본을 작성하고, 뒷장에 나오는 의사 소견서와 건강상태 서약서를 작성해 보자.

❖ 임신한 승객이 서류를 지참하지 않은 경우

Key Point

- 승객이 당황해하는 경우가 대부분이므로, 우선 안심시키고 공감하는 태도를 보여 주는 것이 중요하다. 국내외 항공사마다 임신부 승객에 대한 규정은 상이하지만, 국내 주요 항공사의 경우 임신 32주 이상부터 36주에 해당하는 승객은 반드시 관련 서류를 지참해야 하므로, 지상직 직원은 이를 꼼꼼하게 확인한 후 서약서 작성을 안내한다.
- 만일 해당 임신 주수에 대한 서류를 미비한 채 탑승 수속 카운터에 Show-up한 경우, 지상직 직원은 항공사의 규정과 탑승 수속 카운터 마감시간을 상세히 설명하고, 승객이 병원에 연락하여 필요한 서류를 발급받아 탑승 수속 카운터로 시간 내에 재방문하도록 안내한다.

⊙ 이 서류는 항공 여행을 하는 임신부 승객의 산부인과 담당의가 작성하는 서류이다. 앞서 언급한 Case Study에 맞게, 승객의 탑승 항공사 규정과 임신 주수 등을 고려하여 본인이 승객의 담당 의사라고 생각하고 의사 소견서를 작성해 보자.

임신부의 항공 여행을 위한 의사 소견서

- 임신부의 안전한 항공 여행을 위하여 산부인과 담당의가 작성하여 주시기 바랍니다.
- 동 양식은 항공 전문의사에 의해 검토되며, 필요시 추가 정보 확인을 위해 주치의에게 연락할 수 있습니다.
- 작성된 정보는 승객의 항공 여행 적합 여부를 판단하기 위해 수집, 활용됩니다.
- 정보 제공에 대한 동의를 거부할 권리가 있으나, 부정확한 정보 제공 시 안전한 항공 여행 적합 여부 결정이 어려울 수 있습니다.
- 동 양식 작성이 불가한 경우는 해당 의료기관의 진단서 또는 소견서에 아래 내용을 포함하여 작성 가능합니다.

1. 임신부 인적 사항 및 여행 관련 정보

성명	
나이	
항공기 탑승 예정일	

2. 분만력

과거 분만 경험	□ 무	□ 유(______회)
조기 분만 경험	□ 무	□ 유

3. 현재 임신 관련 정보

현재 임신 주수	주 일	
다태 임신 여부	□ 단태	□ 다태(태아 수: ______명)
출산 예정일	년 월 일	
임신 관련 합병증 (특히 조기 양막 파열, 전치태반, 조기 진통 등)	□ 무	□ 유( )
항공 여행에 대한 소견 (출발일로부터 7일 이내의 왕복 포함)	□ 가능 □ 왕복 여정 전 진료 필요	□ 불가능

4. 기타 조언 사항

작성 일자:

의료기관명:

면허 번호:

의사 성명: (서명)

출처: 진에어 홈페이지(https://www.jinair.com/) 내 양식 재구성

⊙ 이 서류는 탑승 수속 카운터에서 의사 소견서를 확인한 후 승객에 의해 작성되는 서류이다. 앞서 언급한 Case Study에 맞게 짝꿍과 함께 탑승 수속 직원과 승객의 역할을 가정하고 서약서를 직접 작성해 보자.

건강상태 서약서
Declaration of Indemnity Regarding Health

고객 인적 사항

성명 Name			생년월일 Date of Birth
성별 Gender	☐ 남 Male	☐ 여 Female	편명 Flight No.
구간 From/To			탑승일 Date
건강상태 Health Description			

임신부 승객(해당자만 작성)

임신 주수 및 상태 Gestational Age & Pregnancy	주 Weeks	일 Days	☐ 단태 Single	☐ 다태 Multiple

37주(다태임신 시 33주) 이상 임신부는 본인과 태아의 건강을 위해 탑승할 수 없습니다.
37 weeks(33 weeks for multiple pregnancy) or more, air travel is prohibited for safety reasons.

현재 분만 징후, 임신 관련 합병증(예, 조기 양막 파열, 전치태반, 조기 진통 등)이 있을 경우 의사 소견서 제출 및 탑승 가능 여부 확인이 필요하며, 안전한 항공 여행에 적합하지 않을 경우 탑승이 불가합니다.
If you are experiencing a sign of labor or complications(ex, Premature rupture of membrane, placenta previa, preterm labor, etc), you must present a medical certificate. Air travel is not advised if you are not safe to fly.

구급차 필요 여부 Preparing for an Ambulance	☐ 본인 준비 완료 Own Preparation	☐ 불필요 Unnecessary	☐ 대리 신청 Request ○○Air to Prepare

구급차 대리 신청 시, 후면에 기재된 고지사항에 동의합니다.
In regards to ○○Air's arrangement for ambulance service,
I agree with the statement as set forth on the reverse side of this form. 서명 Signature

본인은 본인(또는 위 승객)이 상기 항공편으로 여행하는 데 있어 항공 운송 전, 항공 운송 중 혹은 항공 운송 후에 본인(또는 위 승객)의 건강상태에 유해한 결과가 발생한다 하더라도 ○○항공 및 ○○항공의 직원, 보조자, 대리인에 대하여 일체의 책임을 묻지 않을 것입니다. 또한 본인(또는 위 승객)의 항공 운송과 관련하여 발생하는 부수적 비용은 모두 본인이 부담할 것임을 확인하며, 이로 인하여 ○○항공 또는 제3자가 입은 일체의 손해를 배상할 것을 서약합니다.
I, hereby undersigned, agree to fully indemnify and hold harmless to ○○Air its officers, directors, agents and employees from and against any and all liabilities, damages, claims, lawsuits or judgments for any possible detrimental consequences on my (or the above passenger's) state of health which might occur before, during or after flight by ○○Air arisen out of or in connection with travelling by above flight. The undersigned agrees that the undersigned shall bear any and all additional expenses and costs arisen out of or in connection with the undersigned's (or the above passenger's) flight and shall assume full responsibility for all damages which might be caused to ○○Air or any third parties.

○○항공은 상기 목적으로 개인 및 민감 정보의 수집/이용이 가능하며, 수집된 개인정보는 제3자에게 제공되지 않습니다. 또한 고객님의 항공기 탑승 여부를 결정하기 위해 민감 정보를 수집/이용하며, 수집하려는 민감 정보는 고객님의 건강에 관한 것으로 이 양식에 표시된 것이며, ○○항공은 이 정보를 3년간 보관합니다. (단, 개인정보 수집을 거부할 수 있으며 탑승에 제한이 있을 수 있습니다.)
○○Air collects personal and sensitive information only for airport operation procedure. The collected personal and sensitive information is not provided to a third party. ○○Air collects and uses the sensitive information of passenger listed on this form in order to decide whether ○○Air will accept the passenger for transportation. Such sensitive information is related to the passenger's health listed on this form.
○○Air will keep records of the above sensitive information for three (3) years.

위 내용에 동의합니다. ☐ 예(Yes) ☐ 아니오(No)
I agree with the above.

서약자 Signed by (Passenger-parent-guardian)	연락처 Phone No.
주소 Address	서명 Signature

출처: 에어프레미아 홈페이지(https://www.airpremia.com/) 내 양식 재구성

SECTION

02 휠체어 승객: WCHR/WCHS/WCHC

참고

1) 휠체어 분류

구분	내용
WCHR	• 혼자 계단을 오르내릴 수 없고, 짧은 거리를 보행할 수 있는 승객 • Ramp 이동 시, Wheel Chair SVC 필요 승객
WCHS	• 도움이 필요하고, 혼자 계단을 오르내릴 수 없으나, 짧은 거리는 보행할 수 있는 승객 • Ramp 이동 시 + 항공기 Step 이동 시
WCHC	• 혼자 보행할 수 없는 승객 • Ramp 이동 시 + 항공기 Step 이동 시 + 기내에서도 Wheel Chair SVC 필요

2) 휠체어가 필요한 승객

기내 전용 휠체어 이용

교통약자 이동 편의 증진법에 따라 거동이 불편한 승객이 기내에서 자유롭게 통로를 이동할 수 있도록 항공기의 기내에 휠체어가 탑재되어 있다. 기내에서 이동할 때 휠체어가 필요한 승객은 항공사 고객서비스 센터 또는 예약 여행사를 통해 사전에 기내 전용 휠체어를 신청해야 한다. 그러면 공항에서 RPA 직원의 도움을 받을 수 있다.

본인 소유 휠체어 이용

- 항공사는 승객이 사용하는 휠체어와 보행을 위한 보조기구를 무료로 운송한다. 휠체어의 크기가 122cm(폭)×84cm(높이)를 초과하는 경우, B737 등의 소형 기종에는 탑재하기 어려울 수 있다.
- 본인 휠체어를 이용하는 승객은 탑승구까지 휠체어를 사용할 수 있으며, 출발지 탑승구에서 위탁한 후 도착지 탑승구부터 다시 본인 휠체어를 사용할 수 있다.

☞ 단, 해외 공항의 사정에 따라 탑승구에서 휠체어 위탁과 인도가 제한될 수 있다.
☞ 본인 휠체어로 여행하는 경우도 마찬가지로 공항에서 RPA 직원의 도움을 받을 수 있다.

- 전동 휠체어 본체는 위험물 처리 규정에 의거하여 화물칸에 탑재되어야 한다. 전동 휠체어는 배터리 분리 등 항공사의 조치가 필요하여 사전에 예약해야 한다.

3) 사전 신청 절차

기내 전용 휠체어나 본인 휠체어를 이용하고자 하는 승객은 원활한 서비스 제공을 위해 반드시 항공기 출발 48시간 전까지 고객서비스 센터로 예약해야 한다. 예약 시 휠체어의 종류(전동 휠체어 유무), 동행인 동반 탑승 여부, 무게와 크기 등 정보를 알려야 한다.

4) 출발지 공항에서의 핸들링 절차

- '도움이 필요한 승객' 전용 카운터가 마련된 공항에서는 해당 카운터에서 우선 탑승 수속이 가능하며, 해당 항공사와 해외 공항의 사정에 따라 수하물 우선 처리 서비스, 출국장 우대 서비스(Fast Track), 항공기 우선 탑승이 가능하다.
- 상처, 질병, 고령으로 인해 거동이 불편한 승객이 휠체어를 요청하는 경우, RPA 직원이 휠체어를 지원하도록 하며, 탑승 수속, CIQ(Customs, Immigration, Quarantine) 출국 수속, 탑승을 보조한다.

☞ 휠체어 서비스 요청은 예약 시점에 신청하는 것이 원칙이나, 공항 탑승 수속 카운터에서 여행 당일에 현장 신청할 때는 공항의 상황과 여건이 허락하는 범위 내에서 휠체어를 지원 및 보조한다. 이때 대기시간이 발생할 수 있다.

- 탑승 수속 전에 고객서비스 센터나 예약처를 통해 휠체어 서비스가 사전 예약되었더라도, 실제 승객의 상태를 확인한 후 필요 정도에 따라 수속 시스템 내 PNR(Passenger Name Record)에 ADD SERVICE: WCHR/WCHS/WCHC를 추가한다. 또한 사용 목적, 휠체어 종류, 탑승 및 하기 순서, 휠체어 게이트 위탁 여부 등의 요청사항을 확인하여 적절한 서비스를 제공한다.

- 좌석은 탑승 및 하기가 용이하도록 가능한 한 앞쪽의 중앙 복도로 배정한다.
- 본인 휠체어를 소지한 승객의 경우, 항공기 탑승구까지 사용하여 이동할 수 있다. 탑승구에서 휠체어를 위탁할 수 있기에 Baggage Claim Tag을 휠체어에도 부착하고, 탑승 게이트 직원에게도 안내한다.

  ☞ 승객이 카운터에서 휠체어를 위탁하고 게이트로 스스로 이동하기를 원할 경우, Baggage Claim Tag을 휠체어에 직접 부착하여, 큰 짐 부치는 곳(Oversized Baggage Check-in Counter)에 전달한다.

  ☞ 단, 해외 공항 사정 또는 원격 주기장(Remote Gate) 등의 사정에 따라 탑승 게이트 앞에서의 휠체어 위탁 및 수취가 어려울 수도 있다.

- 휠체어 승객은 우선 탑승 및 하기를 조치해야 하지만, 순서는 승객 의향에 따라 조정된다. 탑승이 완료되면, 휠체어는 기내 Door 앞에서 램프 직원에게 인계하여 카고에 로딩한다.
- 기내 서류 중 SHR(Special Handling Report)에 휠체어 승객에 대한 기본 정보가 잘 입력되었는지 확인한 후, 프린트하여 객실 사무장에게 전달한다.
- 항공기가 출항한 후, 전문(승객 이름, 좌석번호, 휠체어 Baggage Tag Number, 휠체어 서비스 여부 등)을 도착지 공항 서비스 지점에 전달하고, RPA 직원이 게이트에서 휠체어를 사전에 준비하여 객실 사무장의 요청을 반영하여 승객을 핸들링한다.

CASE STUDY 1

⊙ 다음 상황에 맞게 본인이 탑승 수속 직원이라고 가정하고 해결 방안을 작성해 보자. 그 후 짝꿍과 Role-play를 진행하기 위해 대본을 작성해 보자.

❖ 거동이 불편한 승객이 탑승 수속 카운터에서 휠체어를 요청하는 경우

Key Point

- 휠체어는 상처, 질병, 고령으로 거동이 불편해서 요청하는 경우가 많다. 이러한 상황은 육체적, 심리적으로 피로하고 스트레스를 유발할 수 있기 때문에, 진심 어린 환영 인사로 대화를 시작하는 것이 중요하다.
- 휠체어 사용을 사전에 요청하지 않았다면, 구체적으로 확인해야 할 사항은 휠체어의 사용 목적과 종류, 탑승 수속 카운터에서 즉시 위탁할 것인지 아니면 게이트까지 계속 사용할 것인지, 도착지에서 휠체어가 필요한지, 휠체어를 끌어 줄 동행자가 있는지 아니면 항공사 RPA 직원의 도움이 필요한지 등이다. 이러한 사항들을 사전에 확인하여 승객에게 필요한 지원을 제공할 수 있도록 한다.

SECTION 03 시각 장애인 승객: BLND

1) 시각 장애인 단독 승객

시각 장애인은 시력을 완전히 상실했거나 심각한 장애로 인해 일상적인 이동과 활동이 어려운 분들을 말한다. 시각 장애인 단독 승객은 동반자나 보조견 없이 혼자 이동하는 분들로, 항공편 이용 시 특별한 지원과 배려가 필요할 수 있다.

시각 장애인 단독 승객 지원 조건

- 스스로 보행 가능: 승객은 공항 내에서 목적지로 안전하게 이동할 수 있어야 한다.
- 독립적 생활 능력: 승객은 비행 중 식사나 개인 용무를 타인의 도움 없이 수행할 수 있어야 한다.
- 출발지 및 도착지 보호자 필요: 승객은 출발 공항과 도착 공항에서 보호자나 지원 인력이 있어야 한다.

2) 시각 장애인 보조견(Seeing Eye Dog, SED)과 동반한 승객

- 별도의 요금 징수 없이 무료로 시각 장애인 보조견 운송이 가능하고 운송 용기 보관이 필요 없으며 기내에 동반할 수 있다.

  ☞ 추가로 좌석을 점유할 수 없다.

- 시각 장애인 보조견을 동반한 승객은 가능한 한 타 승객의 항공 여행에 지장을 주지 않고 탑승과 하기가 용이한 위치에 좌석을 배정한다. 보안 수속 후에는 기내 탑승 시 객실 사무장에게 인계하며, 도착지 공항에 출항한 후 시각 장애인 보조견 동반 승객이 탑승했음을 통보해야 한다.
- 보조견의 운송 요건은 다음을 충족해야 한다.

- 보조견이 비행 중 승객의 발 앞에 위치한 경우
- 승객이 공인된 기관의 보조견 훈련 인증서(ID)를 소지한 경우
- 보조견이 등에 두르는 손잡이(Harness)나 목줄 등을 착용한 경우
- 장거리 여행 시, 연결지에서 음식 공급이 가능하며 음식물의 준비와 비용은 승객이 처리
- 보조견이 목적지 국가 또는 경유지 국가의 검역 절차 기준에 부합한 경우
- 지정된 전문 훈련기관에 종사하는 장애인 보조견 훈련자 혹은 장애인 보조견 훈련 관련 자원 봉사자가 보조견 표지를 붙인 장애인 보조견을 동반한 경우

미주 출발/도착 운항편 장애 고객 보조동물

미국 교통부(U.S. Department of Transportation) 규정에 따른 운송 요건

- 정신적 또는 신체적 장애가 있는 승객을 도울 수 있도록 훈련된 보조견만 인정된다.
- Harness나 목줄을 착용해야 한다.
- 보조견은 최대 2마리까지 여행 가능하며, 생후 16주 이상이어야 한다.
- 최종 목적지 국가의 검역 규정에 따라 예방접종 증명서, 검역 증명서 등이 요구될 수 있으므로, 사전에 입국 필요 서류를 확인해야 한다.

탑승이 제한되는 요건

- 동물이 주변 승객을 위협하거나, 훈련이 되지 않았거나, 심하게 짖는 경우
- 필수 서류를 준비하지 않았거나, 항공기 출발 48시간 전까지 예약하지 않은 경우
- 승객이 좌석 앞 바닥이 아니라 다른 승객의 공간을 침범하는 경우
- 동물보호법 시행 규칙에 따라 명시된 맹견류 및 공격 성향을 보이는 경우

출처: 미국 교통부 홈페이지(https://www.transportation.gov)

3) 출발지 공항에서의 핸들링 절차

- 시각 장애인 승객에게는 편리하고 안전하게 이용할 수 있는 지정된 좌석을 배정한다. 이 과정에서 승객의 필요와 편의를 최대한 고려해야 한다.
- 시각 장애인이 보조견을 동반하는 경우에는 보조견의 기내 반입 조건을 사전에 확인해야 한다. 이에 따라 보조견의 건강 증명서, 훈련 증명서, 기타 필요한 서류를

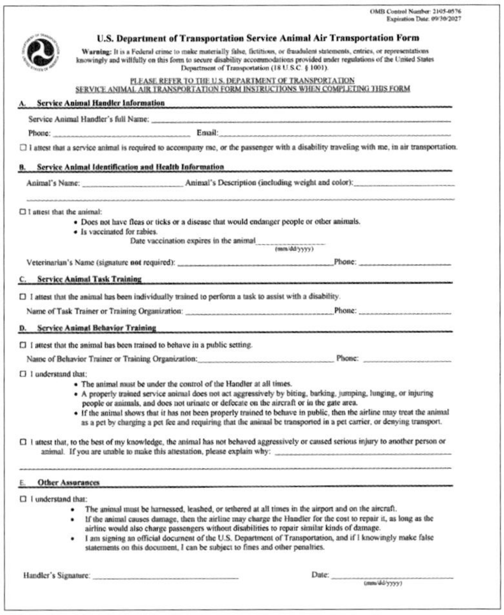

OMB Control Number: 2105-0576
Expiration Date: 09/30/2027

U.S. Department of Transportation Service Animal Air Transportation Form

Warning: It is a Federal crime to make materially false, fictitious, or fraudulent statements, entries, or representations knowingly and willfully on this form to secure disability accommodations provided under regulations of the United States Department of Transportation (18 U.S.C. § 1001).

PLEASE REFER TO THE U.S. DEPARTMENT OF TRANSPORTATION SERVICE ANIMAL AIR TRANSPORTATION FORM INSTRUCTIONS WHEN COMPLETING THIS FORM

A. Service Animal Handler Information

Service Animal Handler's full Name: ______

Phone: ______ Email: ______

☐ I attest that a service animal is required to accompany me, or the passenger with a disability traveling with me, in air transportation.

B. Service Animal Identification and Health Information

Animal's Name: ______ Animal's Description (including weight and color): ______

☐ I attest that the animal:

- Does not have fleas or ticks or a disease that would endanger people or other animals.
- Is vaccinated for rabies.

Date vaccination expires in the animal ______ (mm/dd/yyyy)

Veterinarian's Name (signature **not** required): ______ Phone: ______

C. Service Animal Task Training

☐ I attest that the animal has been individually trained to perform a task to assist with a disability.

Name of Task Trainer or Training Organization: ______ Phone: ______

D. Service Animal Behavior Training

☐ I attest that the animal has been trained to behave in a public setting.

Name of Behavior Trainer or Training Organization: ______ Phone: ______

☐ I understand that:

- The animal must be under the control of the Handler at all times.
- A properly trained service animal does not act aggressively by biting, barking, jumping, lunging, or injuring people or animals, and does not urinate or defecate on the aircraft or in the gate area.
- If the animal shows that it has not been properly trained to behave in public, then the airline may treat the animal as a pet by charging a pet fee and requiring that the animal be transported in a pet carrier, or denying transport.

☐ I attest that, to the best of my knowledge, the animal has not behaved aggressively or caused serious injury to another person or animal. If you are unable to make this attestation, please explain why: ______

E. Other Assurances

☐ I understand that:

- The animal must be harnessed, leashed, or tethered at all times in the airport and on the aircraft.
- If the animal causes damage, then the airline may charge the Handler for the cost to repair it, as long as the airline would also charge passengers without disabilities to repair similar kinds of damage.
- I am signing an official document of the U.S. Department of Transportation, and if I knowingly make false statements on this document, I can be subject to fines and other penalties.

Handler's Signature: ______ Date: ______ (mm/dd/yyyy)

U.S. DOT Service Animal Air Transportation Form
(미국 교통부 보조동물 행동양식)

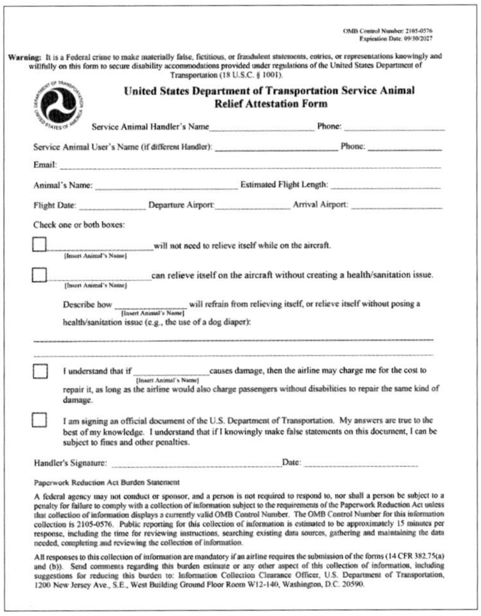

OMB Control Number: 2105-0576
Expiration Date: 09/30/2027

Warning: It is a Federal crime to make materially false, fictitious, or fraudulent statements, entries, or representations knowingly and willfully on this form to secure disability accommodations provided under regulations of the United States Department of Transportation (18 U.S.C. § 1001).

United States Department of Transportation Service Animal Relief Attestation Form

Service Animal Handler's Name ______ Phone: ______

Service Animal User's Name (if different Handler): ______ Phone: ______

Email: ______

Animal's Name: ______ Estimated Flight Length: ______

Flight Date: ______ Departure Airport: ______ Arrival Airport: ______

Check one or both boxes:

☐ ______ [Insert Animal's Name] will not need to relieve itself while on the aircraft.

☐ ______ [Insert Animal's Name] can relieve itself on the aircraft without creating a health/sanitation issue.

Describe how ______ [Insert Animal's Name] will refrain from relieving itself, or relieve itself without posing a health/sanitation issue (e.g., the use of a dog diaper): ______

☐ I understand that if ______ [Insert Animal's Name] causes damage, then the airline may charge me for the cost to repair it, as long as the airline would also charge passengers without disabilities to repair the same kind of damage.

☐ I am signing an official document of the U.S. Department of Transportation. My answers are true to the best of my knowledge. I understand that if I knowingly make false statements on this document, I can be subject to fines and other penalties.

Handler's Signature: ______ Date: ______

Paperwork Reduction Act Burden Statement

A federal agency may not conduct or sponsor, and a person is not required to respond to, nor shall a person be subject to a penalty for failure to comply with a collection of information subject to the requirements of the Paperwork Reduction Act unless that collection of information displays a currently valid OMB Control Number. The OMB Control Number for this information collection is 2105-0576. Public reporting for this collection of information is estimated to be approximately 15 minutes per response, including the time for reviewing instructions, searching existing data sources, gathering and maintaining the data needed, completing and reviewing the collection of information.

All responses to this collection of information are mandatory if an airline requires the submission of the forms (14 CFR 382.75(a) and (b)). Send comments regarding this burden estimate or any other aspect of this collection of information, including suggestions for reducing this burden to: Information Collection Clearance Officer, U.S. Department of Transportation, 1200 New Jersey Ave., S.E., West Building Ground Floor Room W12-140, Washington, D.C. 20590.

U.S. DOT Service Animal Relief Attestation Form
(미국 교통부 보조동물 용변 가림 여부 확인서
* 비행시간 8시간 이상 시 작성)

출처: 미국 교통부 홈페이지(https://www.transportation.gov)

점검한다.

- 시각 장애인이 단독으로 탑승하는 경우, 승객이 RPA 도움을 요청할 때는 탑승 수속 및 CIQ(Customs, Immigration, Quarantine) 수속 절차에서 RPA 담당 직원이 시각 장애인 승객을 보조하여 필요한 절차를 원활히 진행할 수 있도록 돕는다.
- 해당 승객과 보조견에 대한 정보를 On-board Service List에 반영하여 객실 서비스 팀이 미리 준비할 수 있도록 한다. 또한 객실 승무원에게 관련 내용을 신속히 전달하여 원활한 서비스를 제공할 수 있게 한다.
- 항공편이 출발한 후, 시각 장애인 승객의 운송 사실을 관련 팀 및 도착지 지점에 전문으로 발송한다. 이를 통해 목적지에서도 승객에게 필요한 지원을 제공할 수 있도록 미리 준비하게 한다.

CASE STUDY 1

⊙ 다음 상황에 맞게 본인이 탑승 수속 직원이라고 가정하고 해결 방안을 작성해 보자. 먼저 시각 장애인 승객을 위한 항공사 및 공항 서비스를 조사한 후, 조별로 해결 방안을 토론해 보자. 그 후 짝꿍과 함께 Role-play를 진행하기 위해 대본을 작성해 보자.

❖ 시각 장애인 승객이 홀로 Show-up한 경우

Key Point

- 시각 장애인 승객이 홀로 탑승 수속 카운터에 Show-up을 한 경우, 탑승까지 안내하기 위해 친절하고 신속하게 지원을 제공한다. 승객에게 RPA 직원의 도움이 필요한지 확인하고, 필요한 경우 안내 서비스나 동반 지원을 제공한다.
- 또한 필요한 경우 시각 장애인 승객에게 게이트 안내, 탑승 관련 안내, 시각적으로 이해하기 어려운 정보를 음성으로 제공하거나 추가적인 도움이 필요한 부분에 대해 적극적으로 지원하여 승객이 안전하고 편안하게 여행할 수 있도록 돕는다.

CASE STUDY 2

⊙ 다음 상황에 맞게 본인이 탑승 수속 직원이라고 가정하고 해결 방안을 작성해 보자. 시각 장애인 승객이 보조견과 함께 탑승할 경우 필요한 서류와 그 내용을 살펴보고, 관련 뉴스 기사 등을 조사한 후, 짝꿍과 응대 방안에 대해 토론해 보자.

❖ 시각 장애인 승객이 보조견과 함께 탑승한 경우

Key Point

- 항공사마다 시각 장애인 승객과 보조견의 탑승이 불가한 경우가 있을 수 있으므로, 이와 관련한 사항을 사전에 파악해야 한다. 시각 장애인 승객이 보조견과 함께 Show-up한 경우, 승객과 보조견의 안전을 최우선으로 고려하여 이동 중 발생할 수 있는 장애물이나 위험 요소에 대한 사전 안내를 제공하고, 승객이 안심하고 이동할 수 있도록 지원한다. 또한 항공사의 정책과 규정을 확인하고, 보조견의 예방접종 정보 및 필요한 서류를 사전에 확인하여 승객에게 안내하고 승객이 이를 준비하도록 한다.
- 미주 출발/도착 편의 경우, 미국 교통부의 규정에 따른 서류와 운송 요건을 승객에게 안내하고, 필요한 경우 해당 서류를 기내 승무원에게 전달한다. 또한 탑승 게이트 직원과 승무원에게 승객과 보조견이 함께 이동한다는 정보를 사전에 전달하여, 승객이 탑승 게이트 및 기내에서 원활한 서비스를 받을 수 있도록 지원한다.

SECTION 04 청각 장애인 승객: DEAF

- 청각 장애인은 청력이 완전히 없거나 청각이 크게 손상된 상태로 주로 언어와 의사소통에서 어려움을 겪는 사람을 말한다. 이들은 음성 대신 수어(수화), 문자, 보청기, 인공 와우 또는 시각적 단서를 활용해 소통한다.
- 청각 장애인 승객에게는 탑승 수속 절차가 원활하게 이루어지도록 필요한 지원을 제공해야 하며, 승객이 입술을 읽거나 추가적인 도움을 필요로 할 경우, 명확하게 입술을 움직이며 간결하고 쉽게 말해야 한다.

의사소통(AAC) 카드

- AAC(Augmentative and Alternative Communication, 그림 의사소통) 카드는 주로 기내에서 활용되는 도구로, 승객이 의사를 쉽게 표현할 수 있도록 돕는다. 이 카드는 국토교통부와 국립항공박물관의 주도로 제작되었으며, 다양한 상황에서 사용될 수 있는 기본적인 의사소통을 지원하는 그림으로 구성되어 있다.
- 탑승 수속 카운터에서는 AAC 카드가 주로 사용되지 않으며, 대부분의 경우 직원은 종이를 활용하여 승객과 소통한다. 이를 통해 청각 장애인 승객에게 필요한 정보나 절차를 명확히 전달하며, 승객이 편안하게 수속을 진행할 수 있도록 돕는다.

탑승객을 위한 의사소통 (AAC) 카드

AAC(Augmentative and Alternative Communication) for Passengers

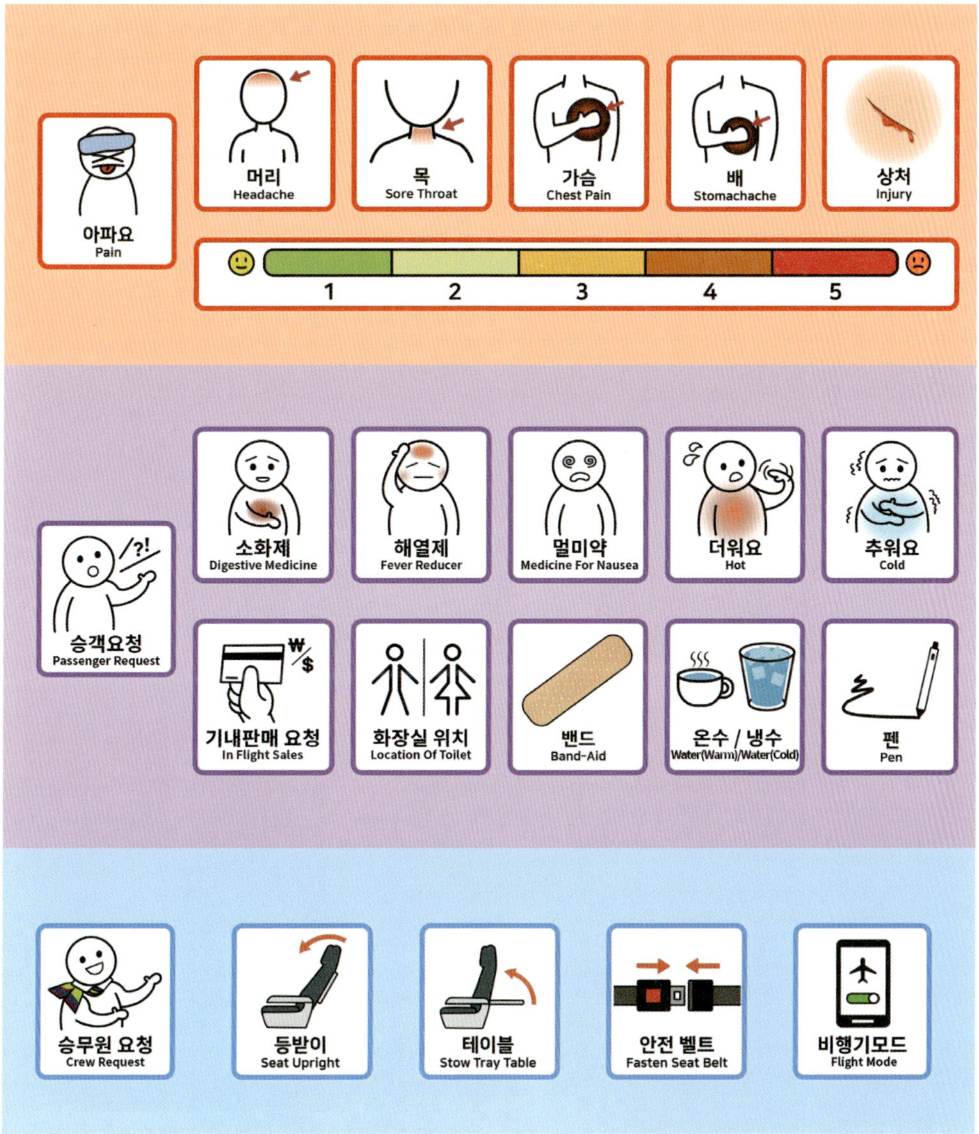

출처: 진에어 홈페이지(https://www.jinair.com/)

CASE STUDY 1

⊙ 다음 상황에 맞게 본인이 탑승 수속 직원이라고 가정하고 해결 방안을 작성해 보자. 그 후 짝꿍과 Role-play를 진행하기 위해 대본을 작성해 보자.

❖ 청각 장애인 승객이 Show-up한 경우

Key Point

- 승객의 청각 장애 여부를 파악하고, 필요한 특수 서비스를 제공하기 위해 적절한 지원을 제공한다. 승객과의 원활한 소통을 위해 필요한 수단을 찾아 대화를 돕고, 상황에 맞는 대응을 한다. 또한 필요한 경우 비상 상황이나 탑승 절차를 시각적인 수단을 통해 명확하게 안내하여 승객의 편의를 지원한다.

SECTION 05 의학적 도움이 필요한 승객: MEDA

1) MEDA 서비스

- 의학적 도움이 필요한 승객의 안전하고 편안한 여행을 위해 의료용 침대인 Stretcher 및 의료용 산소, 특별 기내식을 제공한다.
- 승객이 항공 여행을 하는 중에 발생할 수 있는 위험을 사전에 줄이고 승객의 안전과 건강을 도모하기 위해서, 전염병, 심한 상처, 심장 질환 등 여행 중 위험한 상태를 초래할 가능성이 있는 승객에게는 사전에 전문의가 작성한 의사 소견서를 제출하도록 한다. 그리고 최종 운송 여부는 항공사와 항공사 의료 서비스 팀의 승인(Medical Clearance) 절차에 맞춰 결정한다.
- 예약 시 출발일을 기준으로 최소 출발 7~10일 이내에 의사 소견서를 제출한 후 탑승 가능 여부를 확인하고, 의료용 침대는 국제선 출발 120시간 전, 국내선 48시간 전까지 요청해야 하며, 산소 서비스는 국제선 출발 72시간 전, 국내선 48시간 전까지 예약해야 한다.

2) 의료용 침대(Stretcher) 이용 승객: STCR

신체적 및 물리적인 건강상의 이유로 앉은 자세로 여행하기가 어려운 경우 기내 의료용 침대를 장착하여 누워서 가는 환자 승객을 의미한다.

기내 의료용 침대(Stretcher) 서비스를 받기 위해 준비해야 할 사항

- 항공사의 사전 승인 절차를 위해 '특수 고객 운송 신청서'와 예약 시 출발일을 기준으로 10일 이내에 주치의에 의해 작성된 '의사 소견서'를 제출해야 한다.
- 의료용 침대 이용 시 반드시 의료진 동반이 필요하다.
- 의료용 침대 승객의 경우, Economy Class 편도 정상 요금의 6배를 적용한다.
- 동반 보호자는 별도 운임을 지불해야 한다.

국내선

구분	항공 운임	수하물
환자	Economy Class 정상 운임의 6배	무료 수하물 허용량의 6배
동반자	동반자 1인까지만 무료	무료 수하물 허용량 없음

* 단, 제주도 출/도착은 정상 운임의 3배이다.

국내선 항공 여행 시, 항공기 출발 48시간 전에 예약을 해야 한다. 환자 요금은 성인 정상 운임의 6배로 Economy Class의 6석, 무료 수하물 허용량도 Economy Class의 6배가 부여된다. 동반자의 항공 운임은 동반자 1인까지만 무료이며, 무료 수하물 허용량은 제공되지 않는다.

국제선

구분	항공 운임	수하물
환자	Economy Class 정상 운임의 6배	무료 수하물 허용량의 6배
동반자	일반 운임	일반 승객의 무료 수하물

국제선 항공 여행 시, 항공기 출발 72시간 전(타 항공사 연결편이 포함된 경우, 출발 7일 전)에 예약해야 한다. 환자 요금은 성인 정상 운임의 6배로 Economy Class의 6석, 무료 수하물 허용량도 Economy Class의 6배가 부여된다. 동반자의 항공 운임은 일반 운임과 동일하며, 제공되는 무료 수하물 허용량도 일반 운임에 포함된 무료 수하물 허용량을 따른다.

3) 의료용 산소(Portable Oxygen Concentrator) 이용 승객: OXYG

- 최근 수술받은 환자, 심한 빈혈 환자, 호흡기계 및 심혈관계 질환이 있는 승객의 경우는 기내에 산소 공급이 필요할 수 있다.
- 항공사는 기내에 탑재가 가능한 의료용 산소를 준비하고 있으므로, 주치의와 상담 후 산소 공급이 필요하다고 판단될 경우 특수 고객 운송 신청서, 의사 소견서

를 제출해야 한다.

- 기내 산소통 사용 시 1통당 국내선은 5만 원이고 국제선은 USD 100 또는 그 상당액을 징수하며, 미사용 시 환불은 되지 않는다.

  - 국제선: 1통당 USD 100 / IDR 1,430,000 / CAD 100
  - 국내선: 1통당 5만 원

- 본인 소유의 보조 호흡장비인 의료용 산소를 사용하는 승객은 항공기 출발 48시간 전까지 고객서비스 센터를 통해 예약해야 하며, 의사 소견서 제출이 필요하다.
- 본인의 좌석 앞 아래에 수납할 수 없는 크기의 기기를 반입할 경우, 별도로 인접좌석을 구매해야 하므로 항공사의 기내 반입 크기, 반입 여부 등을 확인해야 한다.

☞ 건식 및 리튬 배터리 160Wh 미만 이하 타입의 미국 연방항공청 FAA 또는 해당 국가의 요구 조건을 충족하는 기기만 반입 가능하며, 기내 전원은 사용이 불가하다. 또한 총 비행시간에 부합한 배터리 용량 1.5배 이상, 150% 정도 작동할 수 있도록 충분히 준비되어야 한다.

항공 운송을 위한 의사 소견서(MEDIF)

이 서류는 의료 도움이 필요한 승객의 항공 운송을 위한 의사 소견서이다. 탑승 수속 직원은 이 서류와 함께 개인정보 수집 및 이용 동의서를 정확하게 확인하고, 작성 내용을 숙지해야 한다. 따라서 서류의 구성과 주요 항목을 자세히 검토해 보도록 한다.

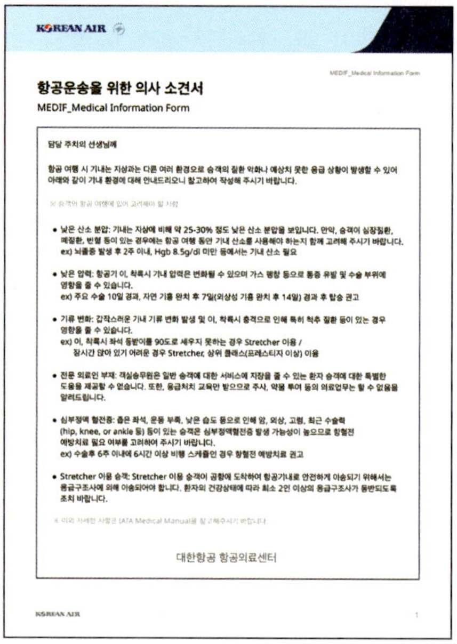

KOREAN AIR

항공운송을 위한 의사 소견서

MEDIF_Medical Information Form

담당 주치의 선생님께

대한항공 항공의료센터

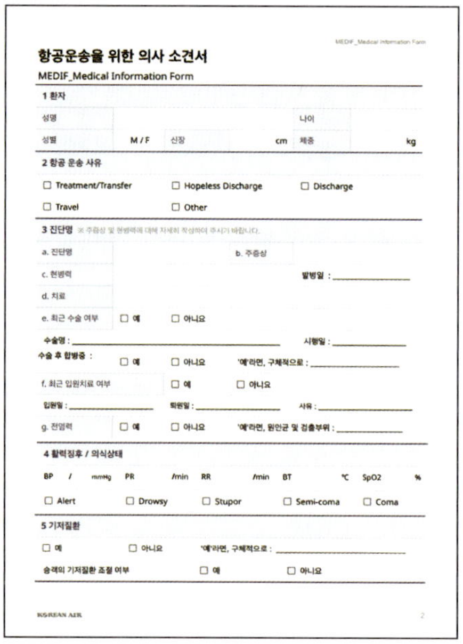

항공운송을 위한 의사 소견서

MEDIF_Medical Information Form

1 환자

2 항공 운송 사유

☐ Treatment/Transfer ☐ Hopeless Discharge ☐ Discharge

☐ Travel ☐ Other

3 진단명

4 활력징후 / 의식상태

BP / mmHg PR /min RR /min BT ℃ SpO2 %

☐ Alert ☐ Drowsy ☐ Stupor ☐ Semi-coma ☐ Coma

5 기저질환

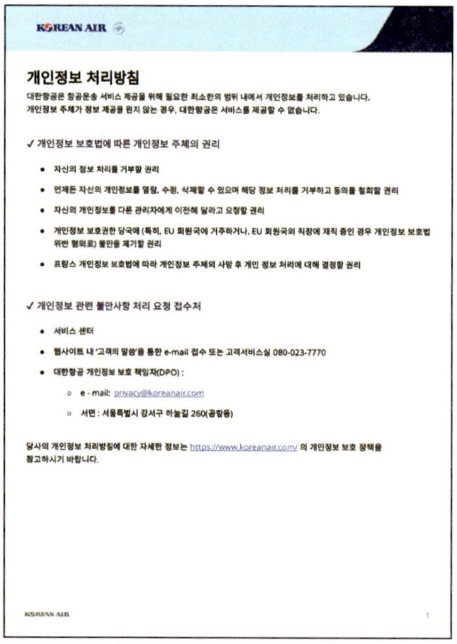

KOREAN AIR

개인정보 처리방침

✓ 개인정보 보호법에 따른 개인정보 주체의 권리

✓ 개인정보 관련 불만사항 처리 요청 접수처

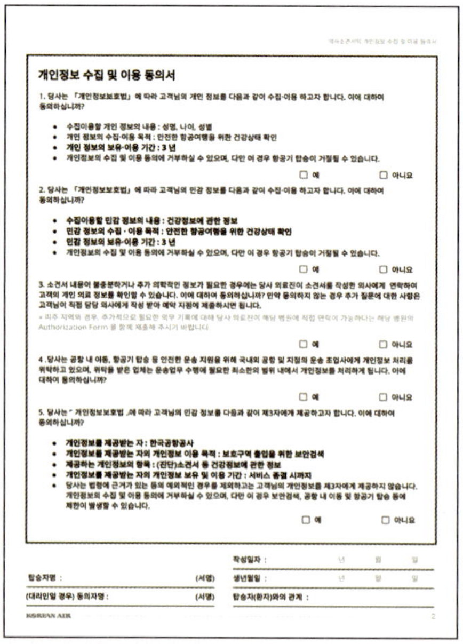

개인정보 수집 및 이용 동의서

출처: 대한항공 홈페이지(https://www.koreanair.com/)

CASE STUDY 1

⊙ 다음 상황에 맞게 본인이 탑승 수속 직원이라고 가정하고 해결 방안을 작성해 보자.

❖ POC 사용 승객인 경우

Key Point

- 승객이 의료용 산소 POC를 소지한 경우, 항공사의 정책과 규정을 확인하고 이에 따라 승객에게 적절한 안내를 제공해야 한다. POC 사용을 위해 사전에 항공사에 통보한 승객이라면 필요한 서류와 허가를 다시 한번 확인하고, 승객에게 작성해야 할 서류와 절차를 정확하게 안내한다. 또한 항공사의 안전 규정과 함께 이에 따른 지침을 준수하도록 안내하여, 승객이 안전하게 여행할 수 있도록 지원한다.

SECTION 06 혼자 여행하는 승객

1) 비동반 소아: UM

혼자 여행하는 어린이는 비동반 소아(Unaccompanied Minor, UM)라고 한다. 비동반 소아 서비스는 보호자를 동반하지 않고 혼자 여행하는 어린이가 출발지에서 탑승권을 받는 순간부터 도착지에서 보호자를 만나기까지 안전하게 여행할 수 있도록 직원이 세심하게 도와주는 서비스이다.

이용 대상

구분	내용
국제선	만 5세 이상 ~ 만 12세 미만까지 이용 가능
국내선	만 5세 이상 ~ 만 13세 미만까지 이용 가능

항공 운임

구분	내용
국제선	성인의 정상 운임 100% 적용
국내선	성인의 운임 + 서비스 구간당 USD 150

2) 비동반 청소년: YPTA

비동반 청소년(Young Passenger Traveling Alone, YPTA) 서비스는 보호자를 동반하지 않고 혼자 여행하는 청소년이 출발지에서 탑승권을 받는 순간부터 도착지에서 보호자를 만나기까지 안전하게 여행할 수 있도록 직원이 세심하게 도와주는 서비스이다.

이용 대상

구분	내용
국제선	만 12세 이상 ~ 만 17세 미만까지 이용 가능

* 국제선만 서비스 가능

항공 운임

구분	내용
국제선	구간당 USD 200

3) UM 및 YPTA 서비스 이용

- 출발지와 도착지에서는 반드시 만 18세 이상의 보호자 인수인계가 필요하다.
- 항공사가 직접 운항하는 여행 구간만 이용 가능하며, 타 항공사의 항공편은 접수가 불가하다.
- 항공기 출발 24시간 전까지 예약 및 서비스 신청 확약을 받아야 하며, 예약 없이 출발 당일 신청 시에는 여행이 불가할 수 있다.
- 혼자 여행하는 어린이/청소년 서비스 신청 시 신청서, 보호자 서약서 등 필요한 서류를 사전에 작성하여 출발 당일 공항 탑승 수속 카운터에 제출해야 한다.
- 어린이 승객의 안전을 고려해서 환승 시간이 6시간 이내인 경우에만 제공해야 한다.
- 성인 동반 보호자와 탑승 클래스가 다른 경우에도 신청해야 한다.

UM 및 YPTA 서비스의 신청 방법과 절차

구분	내용
	• 여행 출발 23시간 전까지 항공사 예약센터를 통해 서비스 신청 및 확약 확인 • 출발지와 도착지에서 어린이를 배웅하고 마중할 보호자의 정확한 인적 사항과 연락처(전화번호, 주소 등) 기입
	혼자 여행하는 어린이/청소년 신청서 작성
	출발지 공항에서 신청서 제출
	신청 접수 완료
	도착지에서 공항 직원 안내

da-vooda/iStock/Getty Images Plus

4) 출발지 공항에서의 핸들링 절차

UM과 YPTA 운송 시, 항공사는 어린이의 안전하고 원활한 여행을 보장하기 위해 다양한 절차와 규정을 마련하고 있다. UM이 탑승 수속을 할 때는 보호자와 항공사의 협력이 매우 중요하며, 이를 위해 다음과 같은 절차가 진행된다.

- UM과 YPTA가 탑승 수속을 하러 카운터에 나오면, 보호자에게 비동반 소아 여행 신청서와 서약서를 작성하도록 안내한다. 이 문서에는 UM과 YPTA의 정보와 보호자의 동의 사항이 포함되며, 안전한 운송을 위한 중요한 내용이 담긴다.
- 작성된 신청서 1부는 공항 서비스 지점에서 보관하고, 나머지 문서는 UM과 YPTA Envelope에 넣어 승객의 목에 걸어 준다. 이 패킷은 UM과 YPTA의 신분 및 관련 정보가 포함되어서 항상 손쉽게 확인할 수 있도록 준비되어야 한다.
- 탑승 수속 카운터 직원은 보호자에게 UM과 YPTA의 입국 신고서를 배포하여 작성을 돕고, 기재 사항이 누락되지 않도록 확인한다. 정확한 기재는 어린이의 안전한 입국 및 이동을 위해 중요하기 때문이다.

- RPA 담당자는 UM과 YPTA의 탑승 수속과 CIQ(Customs, Immigration, Quarantine) 수속을 보조한다. 탑승 수속 카운터 직원은 기내에서 승무원이 어린이를 세심하게 보살필 수 있도록 통로 좌석으로 배정한다. 이 과정에서 모든 행정 절차를 원활하게 처리하여 UM이 무사히 출발할 수 있도록 지원해야 한다.
- UM과 YPTA의 수하물에는 반드시 Priority Tag을 부착한다. 이는 UM와 YPTA의 수하물을 신속히 우선 처리하여 빠르게 인도할 수 있도록 돕기 위한 목적이다.
- UM과 YPTA의 탑승 사실은 On-board Service List에 반영되며, 객실 사무장에게 통보 후 위탁 절차가 진행된다. 이를 통해 UM과 YPTA가 탑승한 사실을 정확히 전달하고, 항공기 내에서의 안전을 관리한다.
- 탑승 게이트 담당 직원은 혼자 여행하는 어린이/청소년 서비스 신청서에 동봉된 서류 리스트를 객실 사무장과 확인하며, 인계 서류에 서명한다. 이는 승객의 탑승과 안전을 보장하는 중요한 서류이다.
- 도착지 공항 및 연결 공항에는 UM과 YPTA의 탑승 사실이 전문으로 전달되며, 이를 통해 UM이 목적지 공항까지 안전하게 도달할 수 있도록 철저히 관리된다. 도착지의 지상직 직원은 탑승구 앞에서 도착지에 나온 보호자를 만날 때까지 안내한다.

혼자 여행하는 어린이/청소년 운송의 국가별 규정

필리핀

필리핀에 입국 시 부모 중 1인 이상과 동반하지 않는, 영주권이 없는 만 15세 미만의 외국인으로 보호자 없이 혼자 여행하는 어린이의 경우에는 필리핀 법무 당국에서 요구하는 WEG(Waiver of Exclusion Ground) 비동반 소아 입국 요청 규정에 따라 필요한 서류와 입국 수수료(PHP 3,120)를 준비해야 한다.

구분	내용
현지 규정	보호자 없이 혼자 여행하는 만 5세 ~ 만 15세 미만 소아의 경우 UM 서비스 및 서류 구비 필수
	부모 이외의 보호자를 동반하는 만 5세 ~ 만 15세 미만 소아의 경우 서류 구비 필수
입국 서류	공증된 부모 동의서(영어): 도착지 보호자 인적 사항, 주소 반드시 명기
	가족관계 증명서류(영문 주민등록등본 또는 영문 가족관계 증명서)
	부모 및 도착지 보호자 여권 사본
	복편 항공편 티켓 확인증
	입국 서류(Application for Waiver of Exclusion Ground, WEG)
	입국 수수료(PHP 3,120)

* 입국 수수료(금액) 변동 가능성 있음

- 어머니의 여권에 아버지의 성이 기재되어 있지 않은 어머니와 여행하는 비동반 소아의 경우에는 가족관계 증명서(또는 보호자 동의 확인서)가 필요하다.
- 성인 보호자 없이 혼자 여행하는 소아의 경우, 성인 동반자 기입란에 현지 보호자의 인적 사항(성명, 국적, 여권번호, 생년월일)을 적어야 하며, 필리핀 현지 보호자의 신분증 사본이 필요하다.

베트남

베트남 입국 시, 부모 중 1인 이상과 동반하지 않는, 영주권이 없는 만 14세 미만의 외국인으로 보호자 없이 혼자 여행하는 어린이의 경우에는 부모가 동의한 성인 보호자가 동행할 때 베트남 입국이 가능하나 영문 또는 베트남어로 공증된 부모 동의서가 필요하다.

구분	내용
현지 규정	보호자 없이 혼자 여행하는 만 5세 ~ 만 14세 미만 소아의 경우 UM 서비스 및 서류 구비 필수
	부모 이외의 보호자를 동반하는 만 5세 ~ 만 14세 미만 소아의 경우 서류 구비 필수
입국 서류	공증된 부모 동의서(영어 또는 베트남어): 도착지 보호자 인적 사항, 주소 반드시 명기
	부모의 여권 사본
	가족관계 증명서류(영문 주민등록등본 또는 영문 가족관계 증명서)

미국(사이판, 괌)

미국(사이판, 괌) 입국 시, 부모 중 1인 이상과 동반하지 않는, 영주권이 없는 만 18세 미만의 외국인으로 보호자 없이 혼자 여행하는 어린이의 경우에는 영문 보호자 동의 확인서를 작성해야 한다.

구분	내용
입국 서류	공증된 부모 동의서(영어): 도착지 보호자 인적 사항, 주소 반드시 명기
	부모의 여권 사본
	가족관계 증명서류(영문 주민등록등본 또는 영문 가족관계 증명서)

캐나다

캐나다 입국 시, 만 18세 미만 승객이 혼자 여행하거나 부모 이외의 보호자와 입국할 때는 보호자 동의 확인서를 작성해야 한다.

구분	내용
입국 서류	부모 또는 법적 보호자 서명, 보호자 주소 및 연락처(출발지/캐나다 연락처)

CASE STUDY 1

⊙ 다음 상황에 맞게 본인이 탑승 수속 직원이라고 가정하고 해결 방안을 작성해 보자. 또한 필리핀 외 베트남, 캐나다, 괌, 사이판 등 비동반 소아 출입국 규정이 엄격한 주요 국가들의 차이점을 조사하고 조별로 토론해 보자. 그 후 짝꿍과 Role-play를 진행하기 위해 대본을 작성해 보자.

❖ UM 승객이 제3자와 동반하여 필리핀에 가는 경우

Key Point

- UM 승객은 단독 UM, 제3자 동반 시, 어머니와 동반 시, 단독 UM 부모 중 1명이 마중 나올 때에 따라, 승객이 방문하고자 하는 필리핀 도시에 따라 준비 서류가 매우 다르다.
- 제3자와 동반 시, 마닐라(MNL)는 만 18세 이상의 인솔자와 함께 공증 서류, 부모 동의서(AFFIDAVIT), 영문 등본, 소아 여권 사본, 3,120페소가 필요하다. 클락(CRK)은 만 20세 이상의 인솔자와 함께 공증 서류, AFFIDAVIT, 영문 등본, 소아/인솔자 여권 사본, 3,120페소가 필요하다. 세부(CEB)는 만 18세 이상의 인솔자와 함께 공증 서류, AFFIDAVIT, 영문 등본, 소아/인솔자 여권 사본, 3,120페소가 필요하다.

⦿ 다음의 세 가지 서류는 비동반 소아 서비스 신청서, 보호자 서약서, 부모 동의서 및 재정 보증서이다. 앞서 언급한 Case Study에 맞게 짝꿍과 함께 탑승 수속 직원과 승객의 역할을 가정하고 직접 작성해 보자.

비동반 소아 서비스 신청서

Unaccompanied Minor Request for Carriage

소아 인적 사항 Minor Information

성 Family Name		이름 Given Name			
사용 언어 Language		나이 Age		성별 Sex	
주소 Address		전화번호 Telephone No.			

여정 Flight Details

편명 Flight No.	일자 Date	출발지 From	도착지 To

보호자 인적 사항 Guardian Information

출발지 보호자 Person on Departure	Name	Telephone No.
	Address	
도착지 보호자 Meeting on Departure	Name	Telephone No.
	Address	

항공사 담당자 서명 Airline Staff in Charge of Minor Whilst in Their Custody

출발지 공항 At Departure Airport	인솔자 Conductor	도착지 공항 At Arrival Airport
Signature	Signature	Signature

동봉서류 Enclosed Travel Document

여권 Passport	항공권 Ticket	기타 서류 Document	입국 목적 Purpose of Entry
☐ YES	☐ YES ☐ NO	☐ ESTA(U.S) ☐ WEG(Philippines) ☐ 기타(Comments) ________	

* 괌, 사이판으로 입국하는 경우 전자 여권 및 ESTA 비자 소지 여부를 반드시 표시하여 주십시오.
* If you enter the Guam/Saipan, you have to check an ESTA(U.S) VISA.

도착지 보호자 소아 인수 서명 Signature for Release of Minor from Airlines Custody

작성일 Date	보호자 성명 Guardian Name	서명 Signature

출처: 티웨이항공 홈페이지(https://www.twayair.com/) 내 양식 재구성

비동반 소아 보호자 서약서

Declaration of Parent Guardian

○○항공 귀중

1. 본인은 신청서에 기재된 소아를 귀사에 인계함에 있어, 출발지 및 도착지 공항에서 지정된 보호자가 소아를 마중하도록 사전 조치하였음을 확인합니다.
2. 만일 도착지 공항에서 지정된 보호자가 마중하지 않을 경우에는 귀사가 소아를 본래의 출발지 공항으로 돌려보내거나 소아의 안전을 위해 요구되는 필요한 조치를 취하는 것에 동의하며, 이로 인해 발생하는 제반비용에 대해서도 변상하겠습니다.
3. 본인은 소아가 여행함에 있어 관련법에 따라 구비하여야 할 모든 서류(여권, 사증, 검역증명서 등)를 현재 소지하고 있음을 확인합니다.
4. 본인은 신청서에 기재된 소아의 부모 혹은 보호자로서 앞면 기재 내용대로 비동반 소아의 운송에 동의하며 이를 귀사에 요청합니다. 또한 앞면에 기재한 모든 사항은 틀림이 없음을 확인합니다.

To: ○○ Air

1. I confirm that I have arranged for the 'request for carriage form' mentioned minor to be accompanied to the airport on departure and to be met on arrival by the persons named. These persons will remain at the airport until the flight has departed and / or be available at the airport at the scheduled time of arrival of the flight.
2. Should the minor not be met at destination, I authorize the carrier to take whatever actions they consider necessary to ensure the minor's safe custody including return of minor to the airport of original departure, and I agree to indemnify and reimburse the carrier for the costs and expenses incurred by them in taking such actions.
3. I certify that the minor is now in possession of all travel documents(passport, visa, health certificate, etc.) required by applicable laws.
4. I, the undersigned parent or guardian of the minor mentioned on the reverse agree to and request the unaccompanied carriage of the minor named on the reverse and certify that the information provided is accurate.

출발지 보호자 Person Seeing off on Departure

작성일 Date	보호자 성명 Guardian Name	서명 Signature

출처: 티웨이항공 홈페이지(https://www.twayair.com/) 내 양식 재구성

Affidavit of Support and Consent

부모 동의서 및 재정 보증서

I / We, ______________________ and ______________________

Father (아버지 이름)　　　　Mother (어머니 이름)

of legal age, Korean citizen, presently residing in the Republic of Korea, after having been duly sworn to in accordance with law, hereby depose and say :

1. That I/We am/are the parent(s) of ______________________

   Name of Minor (자녀 이름)

2. That I/We hereby give my/our consent for his/her travel to Philippines with Mr./Ms.

   ____

   Name of Guidance (인솔자 이름)

3. That I/We, the parent(s) of the aforesaid minor, give(s) this consent of my/our free will and with any reservation :
4. That I/We will defray all his/her travel expenses, accommodations and allowances and other financial needs during the said trip :
5. That I/We guarantee that he/she will not be a charge against the Philippine Government :
6. That I/We, am/are executing this affidavit to attest to the veracity of the contents here of and for all legal intents and purpose it may serve.

In Witness Whereof, I/We sign these presents on ______________________ in Korea.

Date (날짜)

Signature of Father (아버지 서명)	Signature of Mother (어머니 서명)

※ 위 서류를 작성하여 변호사 공증을 받고, 미성년자(만 15세 미만)와 인솔자의 여권 사본, 영문 가족관계증명서를 준비하여 입국수수료와 함께 필리핀 입국 시 입국심사대에 제출

출처: 대한항공 홈페이지(https://www.koreanair.com/) 내 양식 재구성

SECTION 07 특별 우대 고객 서비스

1) MAAS

MAAS는 Meet and Assist의 약자로 공항에서 출/도착 승객에게 제공하는 수행, 보조 등의 업무로, 대부분 VIP, CIP 등 사회 지도층이나 First Class 등 상위클래스에 제공되는 의전 서비스를 의미한다.

구분	정의
VIP(Very Important Person)	고위급 정부 인사과, 외교관, 특정 회사의 최고 책임자, 세계 유명인사
CIP(Commercially Important Person)	상업적으로 중요한 승객, 항공사 마일리지 프리미엄 멤버십 회원

- VIP는 Very Important Person의 약자로 주로 고객 자체에 대한 존경 및 특별 대우를 의미한다. 항공사에서는 일반적으로 특별한 이유로 중요한 고객이나 유명인사 등이 해당된다. 예를 들면, 고위급 정부 인사과, 외교관, 특정 회사의 최고 책임자, 세계적 유명인사 등이다.
- CIP는 Commercially Important Person의 약자로 상업적으로 중요한 고객을 의미한다. 비즈니스 관련 목적으로 자주 여행하는 비즈니스 고객이나 중요한 파트너 등이 해당된다. 예를 들면, 상업적으로 중요한 승객, 항공사 마일리지에 따라 프리미엄 멤버십 회원인 승객 등이다.

VIP와 CIP를 위한 공항 서비스

- 인천국제공항을 기준으로 승무원 통로를 이용하여 입국 심사를 받을 수 있는 대상은 외교관, 장애인, CIP, APEC 기업인 여행 카드 소지자 등으로 한정된다. CIP는 국내 기업인들 가운데 인천공항공사와 국토교통부의 심사를 통해 지정된 기업당 1명에게 발급되며, 이들에게는 빠른 공항 탑승 수속과 전용 라운지 이용 등 편의가 제공된다.

- VIP와 CIP는 전용 탑승 수속 카운터 이용, 전용 라운지, 우선 체크인 및 탑승, Priority Baggage Service, 넓은 좌석, 특별 기내식, MAAS 등 다양한 혜택이 부여된다.

2) 아시아태평양경제협력체(APEC) 카드

참고

- 공항은 해외 출장이 잦은 무역인에게 회사를 대표하여 해외로 나가는 관문이자, 해외에서 업무를 마치고 귀국할 때 반드시 통과해야 하는 곳으로 매우 중요하고 의미 있는 장소이다.
- 대한민국 정부에서는 우리나라 무역인들이 국가 경제 발전에 기여한 것에 대해 'APEC 기업인 여행 카드(APEC Business Travel Card, ABTC)' 서비스를 제공하여 기업인들에게 편하고 빠른 출입국 서비스 지원, 비자 면제, 공항 라운지 이용 등 편의를 제공한다.

> ☞ 발급 시 여권번호와 동일해야 회원국에서 비자 면제 등의 혜택이 주어진다. 유효기간은 5년으로 기간 내에 여권을 갱신해야 하며, 여권번호가 변경되면 카드를 재발급받아야 한다.

- 특히 영문 이름 및 띄어쓰기, 특수기호가 여권과 동일하지 않을 경우, 성명 위조로 오인받을 소지가 있고 각 나라로부터 위조 여권으로 오해받을 소지가 있으므로 공항 지상직 직원은 탑승 수속 시 꼼꼼하게 모든 정보의 일치 여부를 확인해야 한다.
- APEC 카드 소지자는 아시아태평양경제협력체인 APEC 회원국 간의 원활한 경제 교류 확대를 위해 총 21개국인 ABTC의 19개 가입국(한국, 호주, 브루나이, 칠레, 중국, 홍콩, 인도네시아, 일본, 말레이시아, 멕시코, 뉴질랜드, 파푸아뉴기니, 페루, 필리핀, 러시아, 싱가포르, 대만, 태국, 베트남)과 ABTC 잠정 회원국 2개국(미국, 캐나다)을 방문할 때 별도의 입국 비자 없이 국제공항 전용 레인(Fast Track)을 통한 신속한 출입국을 보장하며, 59일에서 최장 90일까지 머물 수 있다.

입국 시 최장 체류기간

구분	내용
60일	중국, 홍콩, 인도네시아, 말레이시아, 필리핀, 러시아, 싱가포르, 파푸아뉴기니
90일	오스트레일리아, 브루나이, 칠레, 일본, 한국, 멕시코, 뉴질랜드, 페루, 태국, 베트남
180일	대만

* 미국, 캐나다는 입국 시 별도의 비자가 필요하다.

APEC 카드 예시

앞면

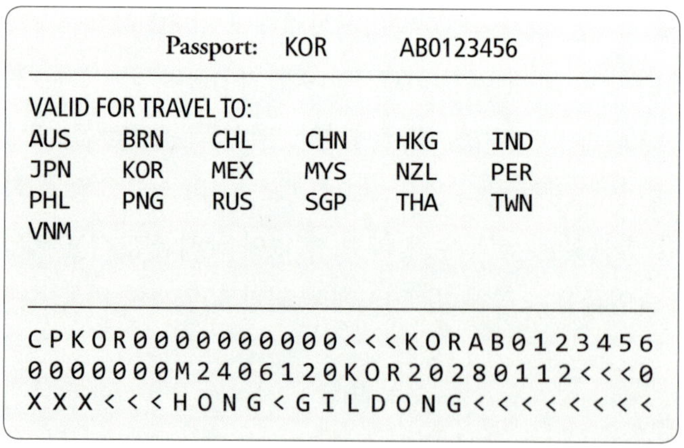

뒷면

CASE STUDY 1

⊙ 다음 상황에 맞게 본인이 탑승 수속 직원이라고 가정하고 해결 방안을 작성해 보자. VIP 및 CIP 고객을 MAAS(Meet and Assist)할 때 유의해야 할 서비스 매너와 응대 방식에 대해 조별로 토론해 보자. 그 후 짝꿍과 Role-play를 진행하기 위해 대본을 작성해 보자.

❖ VIP/CIP 승객을 알아보지 못해 승객이 화를 내는 경우

Key Point

- VIP와 CIP는 국가나 기업의 이익을 도모하는 중요한 사회적 인사들로 특별한 예우가 필요한 승객을 의미한다. 고객을 맞이할 때 성함과 직위를 함께 언급하여 정중히 환대하고, 바로 탑승 수속을 지원하며, 항공사를 이용해 주셔서 감사하다는 인사를 전한다.
- VIP와 CIP 고객의 정보(성함, 직위 등)를 미리 파악하고, 탑승 게이트와 객실 승무원에게도 사전에 안내하여 원활한 서비스가 제공될 수 있도록 한다.

⊙ 이 서류는 MAAS가 필요한 승객에 대한 정보를 기입하여, 기내 사무장, 도착지 담당자 등에게 전달해야 하는 서류이다. 양식에 맞게 함께 작성해 보자.

MEET AND ASSIST (MAAS) HAND-OVER LIST

Flight No.:	Date:	Station:

NAME OF PASSENGER	SEAT NO.	DESTN	*CAT	REMARKS

*Please indicate WCHR, WCHS, WCHC, MEDA, UM/YPTA etc.

ACKNOWLEDGEMENT

DISTRIBUTION	NAME/DESIGNATION	STATION	SIGNATURE	DATE
UPLIFT STATION				
CAPTAIN				
CABIN CREW				
TRANSIT STATION				
ARRIVAL STATION				

CASE STUDY 2

⊙ 다음 상황에 맞게 본인이 탑승 수속 직원이라고 가정하고 해결 방안을 작성해 보자. 그 후 짝꿍과 Role-play를 진행하기 위해 대본을 작성해 보자.

❖ APEC 카드를 소지하고 Show-up한 경우

Key Point

- APEC 카드는 외국인 투자자들에게 발급되는 카드로, 이 카드를 소지한 승객에게 탑승 수속 카운터에서 확인해야 할 사항은 다음과 같다. 첫째, APEC 카드의 유효기간 만료일, 승객의 세부 정보를 확인한다. 둘째, APEC 카드 뒷면에 기재된 여권번호와 승객이 소지한 여권의 정보가 일치하는지 확인한다. 셋째, 승객이 여행하고자 하는 국가의 IATA 3CODE가 포함되어 있는지 확인한다.

ROLE-PLAY

각 Case Study 상황에 맞는 페르소나 승객을 구성하여, 해당 승객의 성격, 요구사항, 특성을 반영하는 역할극(Role-play)을 진행해 보자. 이를 통해 다양한 상황에 대처할 수 있는 능력을 기르고, 지상직 직원으로서의 전문성을 더욱 향상시킬 수 있다.

Case 1

		이름	
		국적(3CODE)	
		성별	
		Airline	
		FLT No.	
		Class	
		Departure	
해외 여행 경험		Destination	
여행 목적		PAX S/U	
여행 기간		STD/STA	
동반인		ETD/ETA	
특이사항			
여행지 국가 출입국 규정			

SITUATION

Case 2

		이름	
		국적(3CODE)	
		성별	
		Airline	
		FLT No.	
		Class	
		Departure	
해외 여행 경험		Destination	
여행 목적		PAX S/U	
여행 기간		STD/STA	
동반인		ETD/ETA	
특이사항			
여행지 국가 출입국 규정			

SITUATION

Case 3

		이름	
		국적(3CODE)	
		성별	
		Airline	
		FLT No.	
		Class	
		Departure	
해외 여행 경험		Destination	
여행 목적		PAX S/U	
여행 기간		STD/STA	
동반인		ETD/ETA	
특이사항			
여행지 국가 출입국 규정			

SITUATION

Case 4

	이름	
	국적(3CODE)	
	성별	
	Airline	
	FLT No.	
	Class	
	Departure	
해외 여행 경험	Destination	
여행 목적	PAX S/U	
여행 기간	STD/STA	
동반인	ETD/ETA	
특이사항		
여행지 국가 출입국 규정		

SITUATION

CHAPTER 02

탑승 수속 카운터

탑승 수속 카운터는 승객과 항공사가 처음으로 대면하는 중요한 접점으로, 승객의 여행을 공식적으로 시작하는 장소이자 공항 서비스의 출발점이다. 이곳에서 이루어지는 업무는 단순히 항공권 확인과 발권에 그치지 않고, 승객의 안전한 출입국을 보장하는 기반을 구축하는 과정으로 이어진다. 제2장에서는 탑승 수속 업무의 본질적인 역할과 이를 수행하기 위한 전문적인 절차를 심도 있게 다룬다.

탑승 수속 절차의 핵심은 승객의 예약 정보와 신원을 정확히 확인하여 적합한 좌석을 배정하고 초과 수하물, 이름 변경, 여권 분실 등의 변수를 관리하는 데 있다. 이를 통해 지상직 직원은 승객이 항공사의 규정과 국가별 출입국 정책을 준수하면서도 원활한 여정을 시작할 수 있도록 돕는 중요한 역할을 수행한다. 특히, 시간 압박이나 예기치 않은 상황에서도 신속하고 정확한 판단을 내릴 수 있는 능력은 이 업무의 핵심 역량으로 강조된다.

더불어, 승객의 만족도를 높이는 소통과 응대 기술에 주목한다. 지상직 직원은 모든 승객에게 공정하면서도 따뜻한 서비스를 제공해야 하며, 각기 다른 요구와 기대를 가진 승객들과 긍정적인 관계를 형성해야 한다. 이는 첫 만남에서의 인상이 향후 서비스 만족도로 직결된다는 점에서 매우 중요하다. 또한 승객의 긴장감이나 우려를 줄이고 신뢰를 형성하는 능력은 탑승 수속 업무의 성과를 극대화하는 데 필수이다. 제2장은 이러한 관점에서 지상직 직원이 반드시 갖추어야 할 실무적 역량과 사고방식을 중심으로 구성되며, 승객과 항공사가 함께 신뢰와 만족을 쌓는 교류의 출발점을 제시하고자 한다.

SECTION 01 탑승 수속 절차

1) 탑승 수속 카운터 직무 분장

- 탑승 수속 카운터에서는 기종에 따라 주로 10명 이내의 직원이 함께 업무를 하게 된다.
- SPVR(Supervisor): 탑승 수속 카운터 상황을 원활하게 서포트한다.
- CNTRL(Control): 탑승 수속 카운터의 주요 업무를 담당한다. 탑승 수속 과정을 전반적으로 관리하고 핸들링하는 직무이다. Weight & Balance, 탑승 게이트와 의사소통 등 업무를 진행한다.
- Agent: 각 탑승 수속 카운터의 탑승 수속 업무를 담당한다.
- TKT(Ticketing): 항공권 구매, 초과 수하물, 유료 좌석 구매 등 발권 업무를 담당한다.
- Floor: 승객 문의사항에 대한 답변, 기내 수하물과 위탁 수하물 사전 확인, 여행 서류 사전 확인, 수하물 검사실 안내, 탑승 수속 카운터 안내 등의 업무를 진행한다.

직무	업무 내용
SPVR (Supervisor)	• 탑승 수속 카운터의 운영 상태를 지속적으로 관찰, 문제를 사전 예방 • 문제 발생 시 신속하게 식별, 적절한 해결책 제공 • 팀원 간의 원활한 의사소통 장려 • 승객의 불만 사항에 대한 적극적인 응대, 해결 방안 모색 • 카운터 운영의 효율성 제고를 위한 지원 등
CNTRL (Control)*	• 탑승 수속 절차 계획 및 조정 • 항공편 특이사항, 브리핑, 서류 작성 및 점검 등 • 항공편 내 특이사항 확인 • Counter Open • 시스템 Open • 안내 스크린 FIA(Flight Information Assistance) 활성화 • 승객의 탑승 수속 진행 및 확인 • 탑승 수속 시 좌석 Weight & Balance, Seat 점검 • 탑승 게이트와의 원활한 의사소통 유지 • 탑승 수속 마감 여객 수, 수하물 개수와 무게 등 확인 • 탑승 수속 마감 후 관련 기본 정보, 특이사항 등을 탑승 게이트에 전달 • 탑승 수속 Comment 확인 및 점검 • 시스템 마감 • 수하물 검사실, 탑승 게이트 등을 관련 지상 조업사에게 안내 • 카운터 보안 관리 감독 • 탑승 게이트 상황을 시스템을 통해 모니터링 • 탑승 수속 마감 후 보고서 작성
Agent	• 탑승 수속 카운터에 맞는 물품 Pouch 준비 및 관리 • 신원 확인 및 보안 질의 철저 • 승객의 탑승 수속 진행, 필요한 정보와 안내 제공 • 여권, 비자 및 여행 서류 검토 • 수하물 규정 안내, 휴대 및 위탁 수하물 절차 보안 관리 • 탑승권 발급 • 카운터 안내 방송
TKT (Ticketing)	• 항공권 구매 및 변경 요청 처리, 필요한 정보 제공 • 초과 수하물 요금 계산 및 안내 • 유료 좌석 및 기내식 등 서비스 안내와 판매 • 승객의 요구사항에 대한 상담 • 발권 후 비용 정산 실시 후 관련 보고서 작성
Floor	• 승객의 문의에 대한 신속하고 정확한 답변 제공 • 기내 수하물 및 위탁 수하물의 규정을 사전에 안내하여 혼선 방지 • 승객의 여행 서류를 사전에 확인하여 원활한 탑승 수속 절차 유도 • 수하물 검사실 안내 및 처리

* 항공사에 따라 LVL(Level)로 불리기도 한다.

2) 브리핑 및 준비(Briefing and Preparation)

항공편 관련 정보 확인

- 항공편의 종류, 항공기 기종, 항공기 등록번호, 탑승구, 출발지와 목적지 및 출발 시간 변경 여부 등
- 예약 상황(유소아 승객 수, 직원 티켓 예약 승객 수 등)
- 항공편별 좌석 배정 상태
- V/CIP, 환자 승객 등 유무
- 기타 특이사항

항공 출도착시간 용어

- STD(Scheduled Time of Departure): 스케줄상 출발시간
- ETD(Estimated Time of Departure): 예정된 출발시간
- ATD(Actual Time of Departure): 실제 출발시간
- STA(Scheduled Time of Arrival): 스케줄상 도착시간
- ETA(Estimated Time of Arrival): 예정된 도착시간
- ATA(Actual Time of Arrival): 실제 도착시간

Win McNamee/Getty Image

STOCK, 양식 준비 상태 확인

탑승권(Boarding Pass), Bag Tag 등 탑승 수속 업무를 수행하는 데 필요한 양식의 준비 상태를 확인한다.

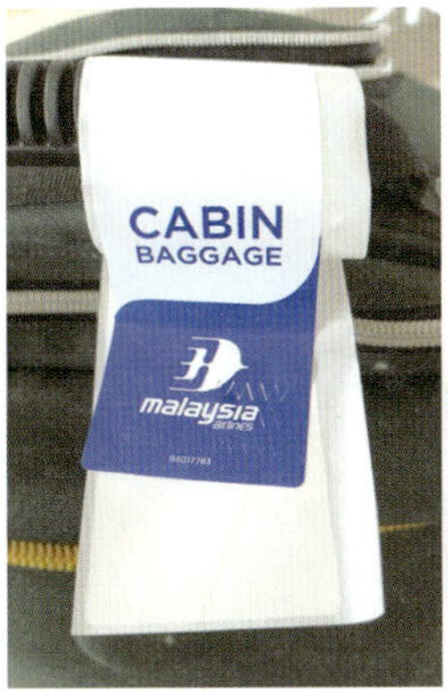

Allora Empire Art/Shutterstock.com

Cabin Baggage Tag

Heavy Tag

Justin Sullivan/Getty Images

Name Tag

Fragile Tag

Steve Parsons - PA Images/PA Images /Getty Images

Priority Tag

Rush Tag

Baggage Tag

Stock 예시(Fragile Tag, Doorside Tag, Gate Tag, Heavy Tag)

장비 작동 상태, 카운터 주변 상태 확인

탑승권 발급기(Boarding Pass Printer, BPP), 수하물 Tag 발급기(Baggage Tag Printer, BTP), 여권 스캐너(Machine Readable Passport, MRP) 등 장비의 정상 작동 여부를 확인한다.

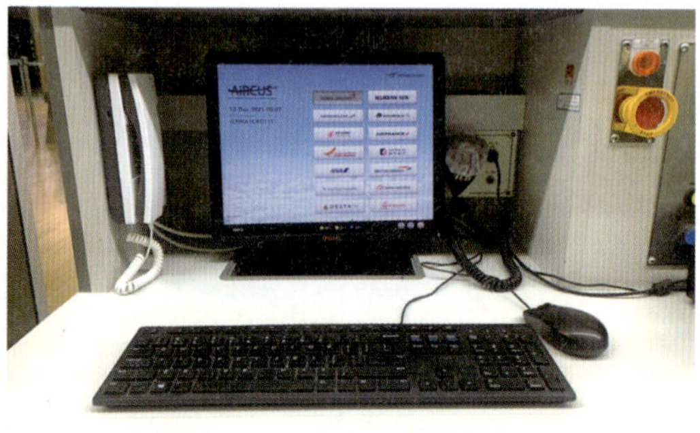

3) 여행 서류 확인(Check Passport and Document)

- 여권, 외국인 등록증 등을 확인한다.
- 여권의 훼손 상태, 사증란 상태를 확인한다.

> ☞ 사증란을 찢거나 출입국 도장을 훼손하는 등 출입구 관련 기록을 훼손한 흔적이 있는 경우, 입국 국가의 승인을 얻은 후 수속하거나 불허할 경우 수속이 거절된다.

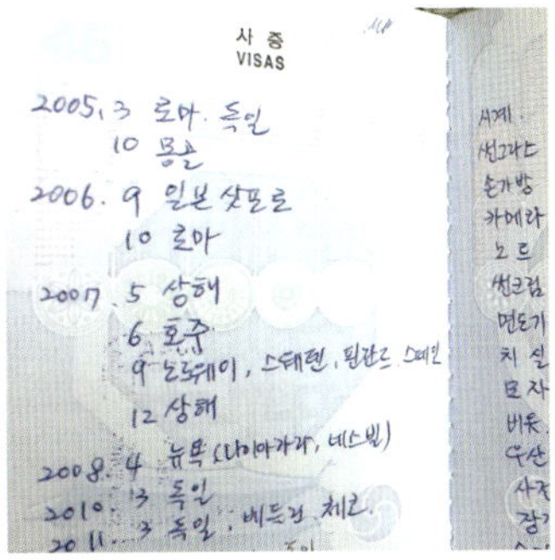

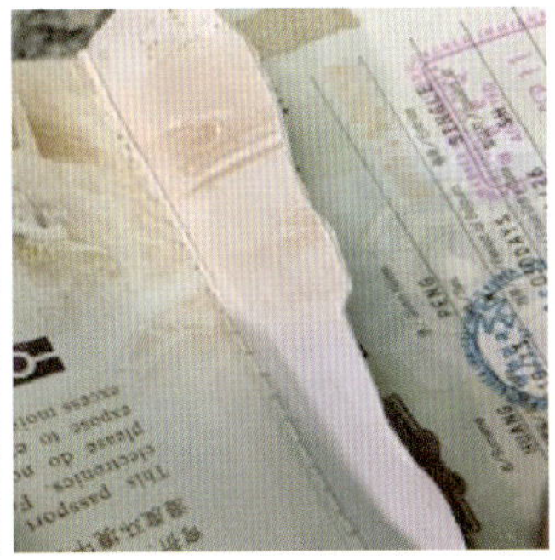

- 전자 항공권을 통한 예약번호 조회, 비자와 비자 승인서 등의 여행 서류를 확인한다.

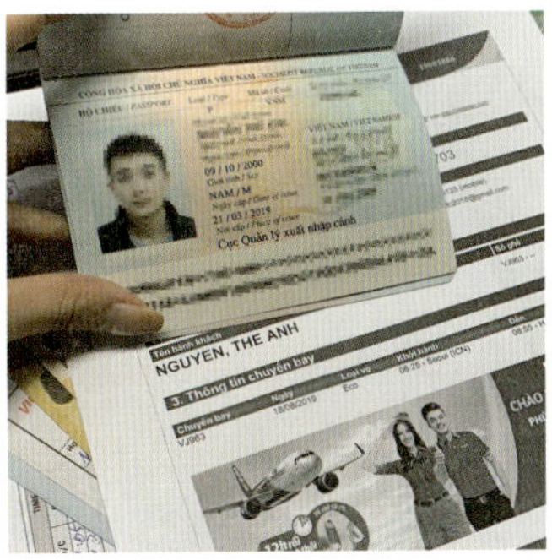

4) 승객 상태 및 필요 서류 확인 (Check Passenger's Condition and Document)

승객의 건강상태 확인(성형 수술, 깁스 등) 및 비행에 적합한 상태인지를 나타내는 서류를 확인한다.

5) 동물 상태 및 필요 서류 확인 (Check Animal's Condition and Document)

- 동물과 함께 여행하는 승객의 경우, 동물의 건강상태를 확인하고 검역 관련 서류를 확인한다.
- 동물의 무게 및 종류에 따라 PETC(Pet in Cabin), AVIH(Animal Vivant in Hold)로 구분한다.

6) 좌석 배정 및 시스템 수속(Assign Seating and Check-in)

- 좌석 사전 구매 여부를 확인하고 시스템상에서 수속을 진행한다.

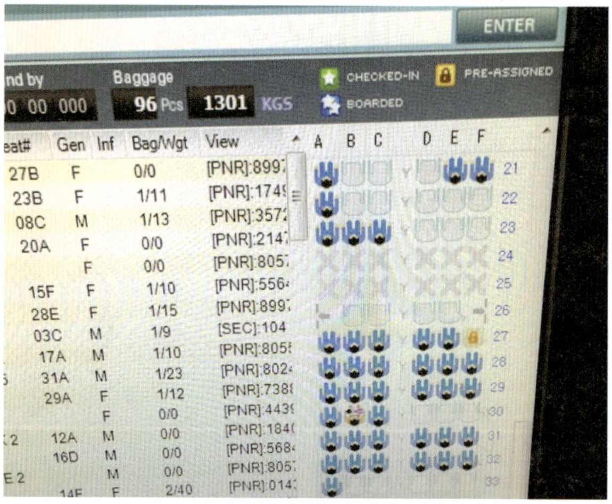

- 승객의 여권 정보(Advanced Passenger Information System, APIS)를 입력한다.
- 여권 이름과 탑승권 이름의 대조는 필수이다.

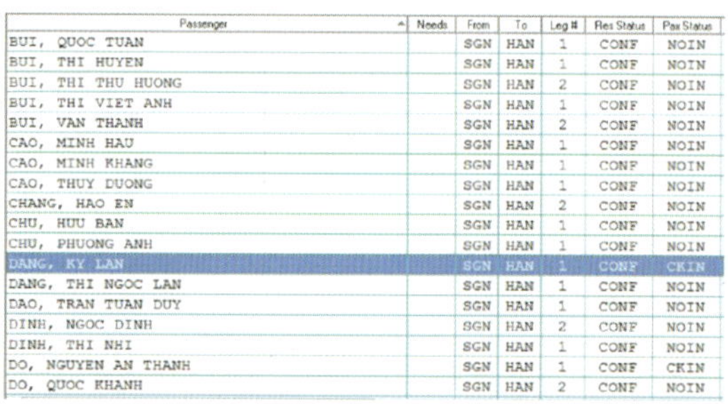

Passenger	Needs	From	To	Leg #	Res Status	Pax Status
BUI, QUOC TUAN		SGN	HAN	1	CONF	NOIN
BUI, THI HUYEN		SGN	HAN	1	CONF	NOIN
BUI, THI THU HUONG		SGN	HAN	2	CONF	NOIN
BUI, THI VIET ANH		SGN	HAN	1	CONF	NOIN
BUI, VAN THANH		SGN	HAN	2	CONF	NOIN
CAO, MINH HAU		SGN	HAN	1	CONF	NOIN
CAO, MINH KHANG		SGN	HAN	1	CONF	NOIN
CAO, THUY DUONG		SGN	HAN	1	CONF	NOIN
CHANG, HAO EN		SGN	HAN	2	CONF	NOIN
CHU, HUU BAN		SGN	HAN	1	CONF	NOIN
CHU, PHUONG ANH		SGN	HAN	1	CONF	NOIN
DANG, KY LAN		SGN	HAN	1	CONF	CKIN
DANG, THI NGOC LAN		SGN	HAN	1	CONF	NOIN
DAO, TRAN TUAN DUY		SGN	HAN	1	CONF	NOIN
DINH, NGOC DINH		SGN	HAN	2	CONF	NOIN
DINH, THI NHI		SGN	HAN	1	CONF	NOIN
DO, NGUYEN AN THANH		SGN	HAN	1	CONF	CKIN
DO, QUOC KHANH		SGN	HAN	2	CONF	NOIN

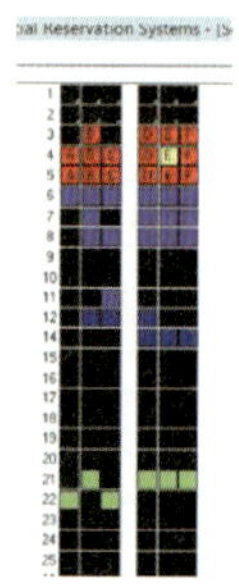

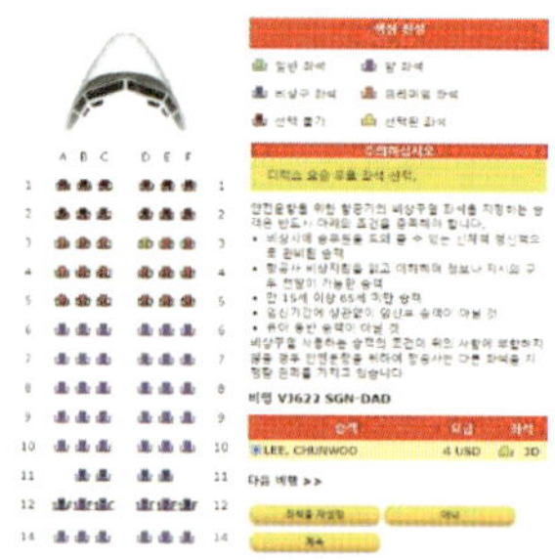

7) 위탁 수하물과 휴대 수하물 확인 (Check Check-in Bags and Carry-on Baggage)

- 위탁 수하물과 휴대 수하물의 운송 제한 물품을 승객과 함께 확인한다.
- 승객과 구두로 Bag 개수와 목적지 확인은 필수이다.
- 휴대 수하물 중 액체류(1개당 100ml 이하) 여부를 확인한다.

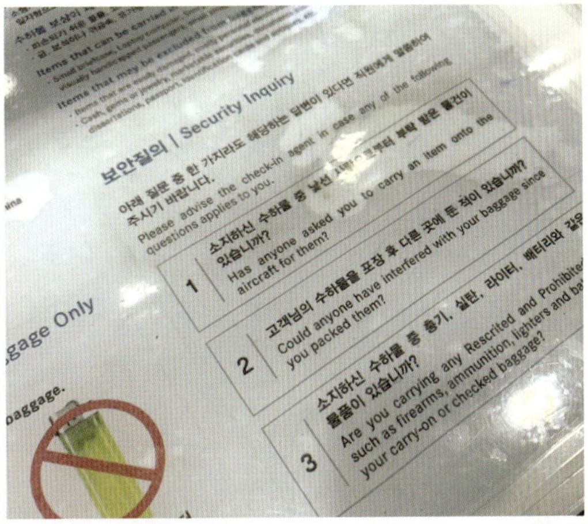

Joshua Paul/NurPhoto/Corbis/Getty Images

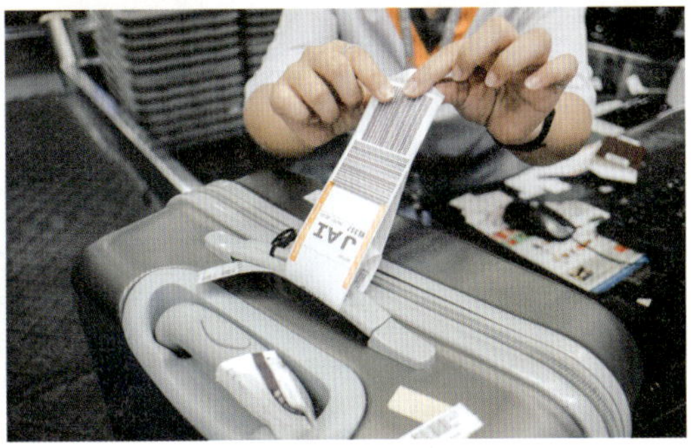
Chanunphat/Shutterstock.com

8) 탑승구와 탑승시간 안내 (Inform Passengers of Boarding Gate and Boarding Pass)

여권과 탑승권, 수하물 표를 승객과 함께 확인하며 탑승구, 탑승시간 등을 안내한다.

셀프 서비스 존(Self Service Zone)

셀프 체크인(Self Check-in)

셀프 체크인 서비스는 항공사 시스템과 연계하여 승객에게 편리하고 신속한 출국 서비스를 제공하는 시스템이다. 이 서비스는 공항의 키오스크를 통해 승객이 스스로 항공편 체크인 절차를 완료할 수 있도록 지원한다. 승객은 여권 또는 예약번호를 입력해 좌석을 선택하거나 변경하고, 탑승권을 직접 발급받을 수 있다. 이를 통해 체크인 카운터의 대기시간을 줄이고 승객 편의를 향상시키고 있다.

셀프 백드롭(Self Bag Drop)

체크인 후, 승객이 본인의 수하물을 직접 위탁할 수 있는 서비스이다. 셀프 백드롭 기기에 탑승권을 스캔하면, 수하물은 자동으로 태그가 부착되고 컨베이어 벨트를 통해 위탁 처리된다. 이는 공항 내 흐름을 효율적으로 관리하며, 승객이 빠르게 출발 절차를 마칠 수 있도록 돕는다.

☞ 두 서비스는 모두 일부 항공사만 지원하므로, 해당 서비스의 이용이 가능한지 확인해야 하며, 승객 문의 시 이를 안내할 수 있어야 한다.

SECTION 02 여권

1) 여권의 정의

여권(Passport)이란 외국을 여행하는 사람의 신분 및 국적을 증명하는 문서를 의미한다. 여권 종류는 발급 대상을 기준으로 일반 여권, 관용 여권, 외교관 여권, 긴급 여권의 총 네 가지로 구분된다. 여행 증명서는 여권을 갈음하는 증명서이다.

여권의 종류에 따른 면수와 표지 색상

<table>
<tr><th colspan="3">종류</th><th>면수</th><th>표지 색상</th></tr>
<tr><td rowspan="5">전자</td><td rowspan="3">일반 여권</td><td>단수</td><td>14면</td><td rowspan="3">남색</td></tr>
<tr><td>복수</td><td>26면 또는 58면</td></tr>
<tr><td>5년 미만의 복수 여권</td><td>26면</td></tr>
<tr><td colspan="2">관용 여권</td><td rowspan="2">26면 또는 58면</td><td>진회색</td></tr>
<tr><td colspan="2">외교관 여권</td><td>적색</td></tr>
<tr><td rowspan="2">비전자</td><td colspan="2">긴급 여권(단수 여권)</td><td>12면</td><td>청색</td></tr>
<tr><td colspan="2">여행 증명서</td><td>12면</td><td>검은색</td></tr>
</table>

2) 여권의 분류

일반 여권(General Passport)

일반 여권은 대한민국 국민에게 발급하는 여권으로, 여행하는 목적에 따라 복수 여권과 단수 여권으로 구분된다. 복수 여권(Multiple Passport, PM)은 유효기간이 5년 또는 10년 두 가지로 구분되며, 유효기간 내에 횟수에 제한 없이 외국 여행을 할 수 있다. 반면, 단수 여권(Single Passport, PS)은 1회에 한정하여 외국 여행을 할 수 있는 여권이다.

관용 여권(Official Passport, PO)

관용 여권은 주로 공무원과 정부 투자기관의 임원 및 직원으로, 공무로 국외에 여행하는 자와 그 배우자 및 미혼인 직계가족에게 발급되며, 유효기간이 5년 이내이다.

- 공무원 및 정부 투자기관 임직원
- 정부 파견 의료원, 교포 교육을 위한 교사, 태권도 사범
- 외교부 소속 공무원으로서 외국의 공관에 근무하는 자
- 기타 외교부 장관이 필요하다고 인정하는 자

외교관 여권(Diplomatic Passport, PD)

외교관 여권은 여권법에서 규정하는 국내의 행정, 사법, 입법 기관의 장과 외교부 장관 및 소속 공무원과 외교사절로 위촉된 민간인, 그 동반자에게 발급된다.

긴급 여권(Emergency Passport, PE)

참고

긴급 여권은 긴급한 사유로 인하여 발급하는 비전자 여권을 발급(재발급)받을 시간적인 여유가 없는 경우, 여권의 긴급한 발급이 필요하다고 인정될 때 발급이 가능하다.

여행 증명서(Travel Document, PT)

여행 증명서는 국외에 거주하거나 체류하는 사람으로서 여권의 발급(재발급)이 거부 또는 제한되었거나 외국에서 강제 퇴거된 사람, 출국하는 무국적자, 해외 입양자 등에 해당하는 사람에게 발급되는 여권을 갈음하는 증명서로 여권 사진 페이지 하단에 여행 목적지가 기재된 서류를 의미한다.

단, 방문 국가의 비전자 여권의 인정 여부와 입국 시 제한사항은 다르므로 외교부, TIMATIC을 통해 반드시 확인해야 한다.

SECTION 03 비자

참고

참고

1) 비자의 구분

비자(Visa)는 방문하고자 하는 상대국의 정부에서 입국을 허가해 주는 일종의 허가증으로, '사증'이라고도 하며 입국의 종류와 목적에 따라 체류 자격과 체류 기간 등이 명시된다. 이를 소지한 여행자만이 해당 국가에 입국하거나 체류할 수 있다.

비자는 여러 종류가 존재한다. 국가가 독자적으로 비자 발급 규정을 정하며, 각 국가 간에 발급 절차와 요건이 다를 수 있다. 비자의 발급일은 발급일로부터 특정 기간 동안 유효하며, 이 기간 내에 여행자는 해당 국가에 입국하고 체류할 수 있다. 비자는 일반적으로 특정 목적을 위해 발급되므로, 발급된 목적과 다른 활동을 할 경우 문제가 될 수 있다.

사용 횟수에 따른 구분

- 단수 사증(Single Entry Visa)
- 복수 사증(Multiple Entry Visa)

신분에 따른 구분

- 일반 사증(Ordinary Visa)
- 공무 사증(Official Visa)
- 외교 사증(Diplomatic Visa)

입국 목적에 따른 구분

- 관광 사증(Tourist Visa)과 상용 사증(Business Visa)
- 체류 사증(Staying Visa)과 통과 사증(Transit Visa)

2) 대한민국 비자의 종류

복수 비자		단수 비자
외교(A-1), 공무(A-2), 협정(A-3)에 해당하는 사람의 비자	3년 이내	발급일부터 3개월
방문 취업(H-2)에 해당하는 사람의 비자	5년 이내	
복수비자발급협정 등에 따라 발급된 비자	협정상의 기간	
상호주의, 그 밖에 국가 이익 등을 고려하여 발급된 비자	법무부 장관이 따로 정하는 기간	

- 2020년 7월 1일부로 전 세계 대한민국 공관에서는 비자 스티커의 부착이 중단되어, 비자를 발급받은 자에게는 '사증 발급 확인서(Visa Grant Notice)'가 발급되고 있다. 유효 비자를 소지한 외국인은 '대한민국 비자 포털' 사이트에서 여권번호, 생년월일을 입력하고 직접 사증 발급 확인서를 출력할 수 있다.
- 본 서류는 유효한 대한민국 비자 소지 여부를 증명하는 용도로, 컬러 인쇄본과 흑백 인쇄본이 모두 유효하며, 입국 심사 시 여권과 함께 심사관에게 제출해야 한다.

사증 발급 확인서 예시

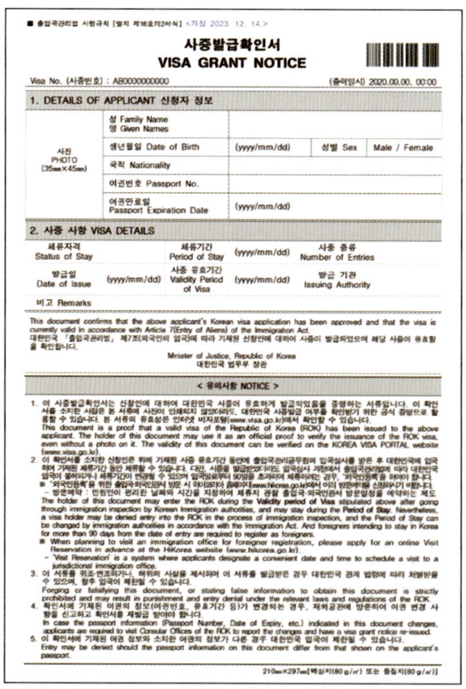

■ 출입국관리법 시행규칙 [별지 제16호의2서식] <개정 2023. 12. 14.>

사증발급확인서
VISA GRANT NOTICE

Visa No. (사증번호) : AB0000000000 (출력일시) 2020.00.00. 00:00

1. DETAILS OF APPLICANT 신청자 정보

사진 PHOTO (35㎜×45㎜)	성 Family Name 명 Given Names			
	생년월일 Date of Birth	(yyyy/mm/dd)	성별 Sex	Male / Female
	국적 Nationality			
	여권번호 Passport No.			
	여권만료일 Passport Expiration Date	(yyyy/mm/dd)		

2. 사증 사항 VISA DETAILS

체류자격 Status of Stay		체류기간 Period of Stay	(yyyy/mm/dd)	사증 종류 Number of Entries	
발급일 Date of Issue	(yyyy/mm/dd)	사증 유효기간 Validity Period of Visa	(yyyy/mm/dd)	발급 기관 Issuing Authority	
비고 Remarks					

This document confirms that the above applicant's Korean visa application has been approved and that the visa is currently valid in accordance with Article 7(Entry of Aliens) of the Immigration Act.
대한민국 「출입국관리법」 제7조(외국인의 입국)에 따라 기재된 신청인에 대하여 사증이 발급되었으며 해당 사증이 유효함을 확인합니다.

Minister of Justice, Republic of Korea
대한민국 법무부 장관

< 유의사항 NOTICE >

1. 이 사증발급확인서는 신청인에 대하여 대한민국 사증이 유효하게 발급되었음을 증명하는 서류입니다. 이 확인서를 소지한 사람은 본 서류에 사진이 인쇄되지 않았더라도, 대한민국 사증발급 여부를 확인받기 위한 공식 증명으로 활용할 수 있습니다. 본 서류의 유효성은 인터넷 비자포털(www.visa.go.kr)에서 확인할 수 있습니다.
This document is a proof that a valid visa of the Republic of Korea (ROK) has been issued to the above applicant. The holder of this document may use it as an official proof to verify the issuance of the ROK visa, even without a photo on it. The validity of this document can be verified on the KOREA VISA PORTAL website (www.visa.go.kr).
2. 이 확인서를 소지한 신청인은 위에 기재된 사증 유효기간 동안에 출입국관리공무원의 입국심사를 받은 후 대한민국에 입국하여 기재된 체류기간 동안 체류할 수 있습니다. 다만, 사증을 발급받았더라도 입국심사 과정에서 출입국관리법에 따라 대한민국 입국이 불허되거나 체류기간이 변경될 수 있으며 입국일로부터 90일을 초과하여 체류하려는 경우, '외국인등록'을 하여야 합니다.
※ '외국인등록'을 위한 출입국·외국인관서 방문 시 하이코리아 홈페이지(www.hikorea.go.kr)에서 미리 방문예약을 신청하시기 바랍니다.
– 방문예약 : 민원인이 편리한 날짜와 시간을 지정하여 체류지 관할 출입국·외국인관서 방문일정을 예약하는 제도
The holder of this document may enter the ROK during the **Validity period of Visa** stipulated above after going through immigration inspection by Korean Immigration authorities, and may stay during the **Period of Stay**. Nevertheless, a visa holder may be denied entry into the ROK in the process of immigration inspection, and the Period of Stay can be changed by immigration authorities in accordance with the Immigration Act. And foreigners intending to stay in Korea for more than 90 days from the date of entry are required to register as foreigners.
※ When planning to visit an immigration office for foreigner registration, please apply for an online Visit Reservation in advance at the HiKorea website (www.hikorea.go.kr).
– 'Visit Reservation' is a system where applicants designate a convenient date and time to schedule a visit to a jurisdictional immigration office.
3. 이 서류를 위조·변조하거나, 허위의 사실을 제시하여 이 서류를 발급받은 경우 대한민국 관계 법령에 따라 처벌받을 수 있으며, 향후 입국이 제한될 수 있습니다.
Forging or falsifying this document, or stating false information to obtain this document is strictly prohibited and may result in punishment and entry denial under the relevant laws and regulations of the ROK.
4. 확인서에 기재된 여권의 정보(여권번호, 유효기간 등)가 변경되는 경우, 재외공관에 방문하여 여권 변경 사항을 신고하고 확인서를 재발급 받아야 합니다.
In case the passport information (Passport Number, Date of Expiry, etc.) indicated in this document changes, applicants are required to visit Consular Offices of the ROK to report the changes and have a visa grant notice re-issued.
5. 이 확인서에 기재된 여권 정보와 소지한 여권의 정보가 다른 경우 대한민국 입국이 제한될 수 있습니다.
Entry may be denied should the passport information on this document differ from that shown on the applicant's passport.

210㎜×297㎜[백상지(80g/㎡) 또는 중질지(80g/㎡)]

출처: 국가법령정보센터(http://www.law.go.kr)

SECTION 04 체류 자격

체류 자격이란 대한민국에 입국하려는 외국인이 갖추어야 할 일정한 자격을 말한다.

일반 체류 자격과 이에 해당하는 외국인의 등록증 종류

일반 체류 자격		영주 자격
단기 체류 자격	관광, 방문 등의 목적으로 대한민국에 90일 이하의 기간(비자 면제 협정이나 상호주의에 따라 90일을 초과하는 경우에는 그 기간) 동안 머물 수 있는 체류 자격	활동 범위와 체류 기간의 제한을 받지 않고 대한민국에 영주할 수 있는 체류 자격
장기 체류 자격	유학, 연수, 투자, 주재, 결혼 등의 목적으로 대한민국에 90일을 초과하여 「출입국관리법 시행규칙」 별표 1로 정하는 체류 기간의 상한 범위에서 거주할 수 있는 체류 자격	

외국인 등록증
(Residence Card)
입국한 날로부터 90일을 초과하여 대한민국에 체류하려는 외국인으로서 외국인 등록을 한 외국인

영주증
(Permanent Resident Card)
영주 자격을 가진 외국인
(유효기간 10년)

외국 국적 동포 국내 거소 신고증
(Overseas Korean Resident Card)
외국 국적을 가진 동포로서 국내 거소 신고를 한 외국인

출처: 법무부 홈페이지(https://www.moj.go.kr)

SECTION 05 TWOV(Transit without Visa)

TWOV는 일정 국가나 공항에서 비자 없이 일정 시간 동안 환승하는 경우를 의미한다. 즉, 통과 목적으로 여행하는 경우 사전에 해당 국가의 통과 비자를 받아야 하나, TWOV 규정 준수 시 통과 비자 없이 여행할 수 있다.

TWOV의 세부사항은 국가와 항공사 정책에 따라 다르며, 승객은 항공권을 예약하기 전에 해당 규정을 확인해야 한다. 지상직 직원은 탑승 수속 시, TWOV를 원하는 승객이 있을 경우 TIM/TIMATIC을 사용하여 해당 공항과 국가에서 TWOV가 허용되는지 여부를 주의 깊게 파악하는 것이 중요하다.

```
NATIONAL KOREA (REP.) (KR)
TRANSIT CHINA (PEOPLE'S REP.) (CN)
DESTINATION THAILAND (TH)
ALSO CHECK DESTINATION INFORMATION BELOW

VISA TRANSIT CHINA (PEOPLE'S REP.) (CN)

. . . . . . . NORMAL PASSPORTS ONLY . . . . . . .
PASSPORT REQUIRED.
WHEN IN TRANSIT. PASSPORTS AND OTHER DOCUMENTS ACCEPTED
FOR ENTRY MUST BE VALID FOR A MINIMUM OF 3 MONTHS FROM
THE ARRIVAL DATE.
```

TWOV 관련 TIMATIC 화면(예시)

TWOV의 일반 조건

- 입국 목적이 단순한 통과인 경우에 한한다.
- 연결편에 대한 예약이 확약된 항공권과, 제3국으로 여행하는 데 유효한 서류를 소지해야 한다.
- TWOV 조건으로 중국으로 환승 시, 익일 출발 TWOV 승객은 반드시 여권의 유효기간이 3개월 이상이어야 하며, 72시간 또는 144시간 이내에 날짜와 좌석이 확약된 경유 항공권 또는 관련 증명 서류를 보유해야 한다.

> ☞ (예외) 당일 환승이고, 환승지 중국에 입국하지 않으며 목적지까지 연결 수속이 가능한 경우, '여권 유효기간 3개월 조건'이 적용되지 않는다. 단, 목적지 국가의 입/출국 조건으로 여권 유효기간 확인은 반드시 필요하다.

구간 및 항공사 간 연결 탑승 수속

연결편 탑승 수속: TCI(Through Check-in)

2개 구간 이상을 탑승하는 경우, 최초 출발지의 공항에서 환승편까지 포함하여 최종 목적지까지 탑승 수속을 하는 것을 의미한다.

항공사 간 연결 탑승 수속: IATCI(Inter-airline Through Check-in)

항공사 간에 미리 연결편 체크인 협약을 맺어 첫 번째 항공사 탑승편을 체크인할 때 다른 항공사 편까지 탑승 수속을 하는 것을 의미한다.

터미널별 취항 항공사

아래는 인천국제공항 터미널별 취항 항공사에 대한 정보이다. 지상직 직원에게 IATA 2CODE 숙지는 필수적인 기본 역량인데 공항 업무의 대부분이 이 코드와 직결되기 때문이다. 실무에서 신속하고 정확한 대응을 위해 반드시 숙지해야 하며, 이를 잘 활용하면 업무 효율성이 높아지고 고객 응대에서도 신뢰를 줄 수 있다.

각 항공사의 명칭, 로고, 국적을 함께 확인하며 IATA 2CODE를 직접 찾아 자연스럽게 익혀 보자.

제1 여객 터미널 취항 항공사

항공사명	로고	국적	IATA Code
그레이터베이항공	GBA 大灣區航空 GREATER BAY AIRLINES	홍콩	
라오항공	ການບິນລາວ Lao Airlines	라오스	
로열브루나이항공	ROYAL BRUNEI AIRLINES	브루나이	
루프트한자 독일항공	Lufthansa	독일	
말레이시아항공	malaysia airlines	말레이시아	
몽골항공	MIAT MONGOLIAN AIRLINES	몽골	
미얀마국제항공	MAI Myanmar Airways International Modern Comforts & Gentle Traditions	미얀마	
바틱 에어 말레이시아	Batik air	말레이시아	
베트남항공	Vietnam Airlines	베트남	
비엣젯항공	vietjetAir.com	베트남	
사천항공	四川航空 SICHUAN AIRLINES	중국	

항공사명	로고	국적	IATA Code
산동항공	山东航空公司 SHANDONG AIRLINES	중국	
상하이항공	上海航空公司 SHANGHAI AIRLINES	중국	
세부퍼시픽항공	cebu pacific	필리핀	
스리랑카항공	SriLankan Airlines	스리랑카	
스카이 앙코르 항공	SKY ANGKOR AIRLINES	캄보디아	
스쿠트항공	scoot	싱가포르	
심천항공	深圳航空 Shenzhen Airlines	중국	
싱가포르항공	SINGAPORE AIRLINES	싱가포르	
아메리칸항공	American Airlines	미국	
아시아나항공	ASIANA AIRLINES	한국	
에미레이트항공	Emirates	아랍에미리트	
에바항공	EVA AIR	대만	
에어 뉴질랜드	AIR NEW ZEALAND	뉴질랜드	
에어 아스타나	air astana	카자흐스탄	
에어로 몽골리아	AERO MONGOLIA Mongolia Starts Here...	몽골	
에어로케이항공	Aero K	한국	
에어마카오	AIR MACAU 澳門航空	중국	
에어부산	AIR BUSAN	한국	
에어서울	AIR SEOUL	한국	

항공사명	로고	국적	IATA Code
에어아시아 버하드		말레이시아	
에어아시아엑스		말레이시아	
에어인디아 리미티드		인도	
에어재팬		일본	
에어캐나다		캐나다	
에어프레미아		한국	
에티오피아항공		에티오피아	
에티하드항공		아랍에미리트	
우즈베키스탄항공		우주베키스탄	
유나이티드항공		미국	
이스타항공		한국	
일본항공		일본	
전일본공수 주식회사		일본	
제주항공		한국	
젯스타		호주	
중국국제항공		중국	
중국남방항공		중국	
중국동방항공		중국	
중국해남항공		중국	

항공사명	로고	국적	IATA Code
집에어		일본	
천진항공		중국	
청도항공		중국	
춘추항공		중국	
카놋샤크		우즈베키스탄	
카타르항공		카타르	
캐세이퍼시픽항공		중국	
콴타스항공		오스트레일리아	
타이거에어 타이완		대만	
타이에어아시아엑스		태국	
타이항공		태국	
터키항공		터키	
투르크메니스탄항공		투르크메니스탄	
티웨이항공		한국	
폴란드항공		폴란드	
피치항공		일본	
핀에어		핀란드	
필리핀에어아시아		필리핀	
필리핀항공		필리핀	

항공사명	로고	국적	IATA Code
하와이안항공	HAWAIIAN AIRLINES.	미국	
홍콩익스프레스	HKexpress	중국	
홍콩항공	HONGKONG AIRLINES 香港航空	중국	

제2 여객 터미널 취항 항공사

항공사명	로고	국적	IATA Code
KLM네덜란드항공	KLM	네덜란드	
가루다인도네시아	Garuda Indonesia The Airline of Indonesia	인도네시아	
대한항공	KOREAN AIR	한국	
델타항공	DELTA	미국	
샤먼항공	XIAMENAIR	중국	
아에로멕시코	AEROMEXICO	멕시코	
에어프랑스	AIRFRANCE	프랑스	
중화항공	CHINA AIRLINES	대만	
진에어	JINAIR	한국	

출처: 2025년 1월 기준 인천공항(https://www.airport.kr/)

CASE STUDY 1

⊙ 다음 상황에 맞게 본인이 탑승 수속 직원이라고 가정하고 해결 방안을 작성해 보자. 각 터미널 취항 항공사들을 살펴보고, 2터미널에서 1터미널까지 이동 가능한 방법과 교통 수단, 소요 시간에 대해 다양하게 조사해 보자. 그 후 짝꿍과 Role-play를 진행하기 위해 대본을 작성해 보자.

❖ 2터미널 ○○항공사 탑승 수속 카운터에서 수속하는 중, 한 승객이 1터미널 내 다른 항공사 카운터의 위치를 문의하는 경우

Key Point

- MOT(Moment of Truth)는 기업에 대한 이미지를 형성하는 짧은 순간으로, 이를 통해 서비스의 가치를 결정하게 된다. 다른 항공사 탑승 수속 카운터를 찾는 승객이더라도 미소와 친절한 인사로 신속하고 효율적으로 응대한다.
- 승객의 질문에 정확하게 답하고 필요한 정보를 제공하여 수속을 원활하게 진행하도록 하며, 상황에 따라 공손하고 예의 바른 언어를 사용하여 승객과의 원활한 소통을 유지하도록 한다.

CASE STUDY 2

⊙ 다음 상황에 맞게 본인이 탑승 수속 직원이라고 가정하고 해결 방안을 작성해 보자. 그 후 짝꿍과 Role-play를 진행하기 위해 대본을 작성해 보자.

❖ 현장에서 Go-show 항공권을 구매하고자 하는 경우

Key Point

- 현장에서 항공권을 구매하려는 경우, 먼저 승객이 여행하려는 국가의 출입국 규정을 확인하고 필요한 여행 서류가 모두 준비되었는지 확인해야 한다.
- 항공사에 따라 결제 수단이 제한될 수 있으므로, 현금 또는 카드 사용 가능 여부를 사전에 확인하여 승객에게 안내한다. 또한 항공사별 항공권 금액, 취소 수수료, 변경 가능 여부를 확인하고, 저비용 항공사의 경우 항공권에 위탁 수하물이 포함되지 않은 경우가 많으므로 별도로 구매해야 할 사항도 세심하게 체크해야 한다. 이후, 승객에게 이러한 정보를 안내하여 불만이 발생하지 않도록 한다.

⦿ 이 서류는 항공권(e-Ticket)이다. 발권 카운터에서 항공권을 구매하려는 승객이 있을 경우, 승객이 항공편을 놓쳤는지, 편도만 구매하려는지, 또는 처음 구매하는 것인지 확인해야 한다. 이는 출국할 국가의 출입국 규정과 관련이 있으며, 기존 구매처에 따라 규정이 달라질 수 있다. 마지막으로, 항공권을 구매한 승객에게 e-Ticket을 이메일로 발송해야 한다.

KOREAN AIR e-티켓 확인증
e-Ticket Itinerary & Receipt

2125 / 23JUL2023

승객성명 Passenger Name	항공권번호 Ticket Number	예약번호 Booking Reference
KIM/MINJEONG MS [illegible]	[illegible]	[illegible]

여정 Itinerary

출발 From	도착 To	편명 Flight
GMP 서울(Gimpo) 26AUG2023(토) 09:00 (Local Time) Terminal No : I (Sky City International Terminal)	HND 도쿄(Haneda) 26AUG2023(토) 11:10 (Local Time) Terminal No : 3	KE2101 Operated by KE KOREAN AIR
예약등급 Class : L (일반석) 운임 Fare Basis : LLEVZRKA 기종 Aircraft Type : Airbus A330-300	예약상태 Status : OK (확약) 수하물 Baggage : 1 Piece 비행시간 Flight Duration : 02H 10M	좌석번호 Seat number : 항공권 유효기간 Validity : -26FEB2024 SKYPASS 마일리지 SKYPASS Miles : 758

출발 From	도착 To	편명 Flight
HND 도쿄(Haneda) 29AUG2023(화) 02:00 (Local Time) Terminal No : 3	ICN 서울/인천(Incheon) 29AUG2023(화) 04:35 (Local Time) Terminal No : 2	KE 720 Operated by KE KOREAN AIR
예약등급 Class : K (일반석) 운임 Fare Basis : KLEVZRKB 기종 Aircraft Type : Boeing 737-900	예약상태 Status : OK (확약) 수하물 Baggage : 1 Piece 비행시간 Flight Duration : 02H 35M	좌석번호 Seat number : 항공권 유효기간 Validity : -26FEB2024 SKYPASS 마일리지 SKYPASS Miles : 758

. 스케줄, 기종 및 좌석등급(서비스클래스)는 부득이한 사유로 사전 예고없이 변경될 수 있습니다.

예약번호:

1. 티켓 정보

예약상태	확인	연락	8210 (핸드폰)
예약날짜	02/07/2022	이메일	[illegible]
승객성명	LEE, YOONA		

2. 승객정보

승객성명	좌석	
LEE, YOONA	VJ979 - --	VJ978 - --

3. 항공편 정보

편명	날짜	예약등급	출발지	도착지
VJ979	16/07/2022	Eco	09:30 - Seoul (ICN)	12:55 - Phu Quoc (PQC)
VJ978	19/07/2022	Eco	01:05 - Phu Quoc (PQC)	08:30 - Seoul (ICN)

⊙ 이 서류는 발권 카운터에서 직원이 작성하는 서류이다. 예를 들면 항공권 구매, 좌석 구매, 일정 변경 등 승객의 요구와 상황에 맞게 직접 작성해 보자.

<table>
<tr><td colspan="2">○○AIR</td><td colspan="2">Counter Charges</td><td>Iss01/Rev00
26 March 206
Serial No.:</td></tr>
<tr><td colspan="2">Passenger name:</td><td colspan="2">PNR:</td><td>FLT:</td></tr>
<tr><td rowspan="3">1.</td><td colspan="4">Checked-baggage charges:</td></tr>
<tr><td colspan="4">Extra charges:</td></tr>
<tr><td colspan="2">Package: (kgs)</td><td colspan="2">Excess: (kgs)</td></tr>
<tr><td rowspan="2">2.</td><td colspan="4">Seat assignment:</td></tr>
<tr><td colspan="2">Seat:</td><td colspan="2">Charges:</td></tr>
<tr><td rowspan="3">3.</td><td colspan="2">Late show fee:</td><td colspan="2">domestic: □ intl: □</td></tr>
<tr><td colspan="2">Flight:</td><td colspan="2">Charges:</td></tr>
<tr><td>Counter closed:</td><td colspan="2">Show up:</td><td>Moved to:</td></tr>
<tr><td colspan="2">Check–in staff
ID:</td><td colspan="2">Counter in charge
ID:</td><td>Ticketing staff
ID:</td></tr>
<tr><td colspan="2"></td><td colspan="2"></td><td></td></tr>
</table>

CASE STUDY 3

⊙ 다음 상황에 맞게 본인이 탑승 수속 직원이라고 가정하고 해결 방안을 작성해 보자. 그 후 짝꿍과 Role-play를 진행하기 위해 대본을 작성해 보자.

❖ 탑승 수속 카운터 Que 라인에서 오래 기다린다고 불평하는 경우

Key Point

- 승객이 대기하면서 겪은 불편함에 대한 진심 어린 사과와 공감의 표현을 중시해야 한다. 승객에게 대기시간이 길어진 원인을 간략히 설명하고 양해를 구하는 것이 좋다. 현재 상황에서 최대한 빠르게 도움을 줄 수 있는 방법을 찾아 승객의 기대에 부응하도록 한다.
- 불편을 최소화하기 위해 일부 저비용 항공사에서는 우선 탑승 수속 서비스 상품을 제공한다. 전용 카운터를 활용하여 효율적이고 신속한 수속이 가능하며 대기시간을 절약할 수 있다는 점을 강조한다. 또한 인천국제공항 내 스마트 패스, 출국장 혼잡도 상황을 안내하여 승객에게 불편을 최소화하고자 제안하는 내용을 부드럽게 전달한다.

CASE STUDY 4

⦿ 다음 상황에 맞게 본인이 지상직 직원이라고 가정하고 어떤 대응이 필요한지, 그 상황에 맞는 말투와 태도를 고려하여 해결 방안을 구체적으로 작성해 보자. 그 후 짝꿍과 Role–play를 진행하기 위해 대본을 작성해 보자. 아울러, 다양한 상황에서 효과적인 대응 방법에 대해 토론을 진행하며, 서로의 의견을 나누고 최선의 해결책을 도출해 보자.

❖ 탑승 수속 진행 중 급하게 서두르며 재촉하는 경우

Key Point

- 탑승 수속 업무는 본인 확인, 여권 및 여행 관련 서류 확인, 항공권 및 좌석 배정, 수하물 위탁, 탑승권 발급 등을 포함한다. 탑승 수속 마감이 가까워져 수속이 급한 승객의 경우, 빠른 처리가 필요하지만 개인 사정에 의한 재촉인 경우에는 필수적인 절차에 대한 양해를 구하며 친절한 태도로 대응해야 한다. 특히 수하물 위탁 시 금지 물품 여부를 확인하는 것은 여행객의 안전과 보안을 위해 중요한 절차이므로 양해를 구해 반드시 실시하도록 한다.

SECTION 06 항공권 영문 이름 변경

지상직 직원은 탑승 수속 시 여권과 전자 항공권에 기재된 이름이 동일한지 확인해야 한다. 만일 이를 사전에 확인하지 않고 탑승 수속이 진행된다면, 승객은 출국 심사 단계에서 보안 요원에게 제지되어 탑승 수속 카운터로 다시 돌아와 문제를 해결해야 할 수 있다. 이로 인해 승객의 불편이 커지고 불만이 발생할 가능성이 높아지므로, 이름 변경 규정을 정확히 숙지하고 꼼꼼히 확인하는 것은 지상직 직원의 핵심적인 업무이다.

사례로 배우는 이름 변경

이름 변경에는 항공사별로 정책 차이가 있으며, 단순 철자 오류는 처리 가능하지만 이름 전체를 변경하거나 항공권을 타인에게 양도하는 것은 금지된다. 이를 숙지함으로써 승객의 원활한 여행을 돕고 탑승 수속 과정에서의 문제를 예방할 수 있다.

항공권 이름 오류와 무료 이름 변경 허용 대상 예시

- 입력(Typing) 또는 철자(Spell) 오류로 인한 한 글자 변경

  TRANG/TRUNG HOANG MR ▶ TRAN/TRUNG HOANG MR

- 성별의 변경

  LEE/YUNA MR ▶ LEE/YUNA MS

- 이름 순서의 변경

  ROBERT/NGUYEN MR ▶ NGUYEN/ROBERT MR

- 누락된 외국인 이름을 부분적으로 추가하거나 삭제하는 경우

  MANTRANT/JEAN MARIE ▶ MANTRANT/MARI MR

각 항공사의 항공권 이름 변경

1) 대한항공

국제선 이름 변경

- 성(Last Name)과 이름(First Name)은 각각 최대 세 글자까지 1회 변경 가능하며, Mr.와 Ms. 같은 성별(Title)은 횟수 제한 없이 변경할 수 있다.
- 한글 이름의 경우, 영문화된 Romanized Name에서 영문 철자로 성, 이름을 각각 세 글자씩 변경할 수 있다.
- 영문 이름은 동일한 발음상에서 변경 가능하다.
- 유아 이름은 유아 항공권 미발권 시 영문, 국문 모두 글자 수에 제한 없이 변경할 수 있다.
- 이름은 철자 변경만 가능하며, 타인으로의 이름 변경은 불가하다.

대한항공과 다른 항공사 스케줄이 포함된 여정인 경우

다른 항공사의 예약된 영문 이름을 변경하려면, 고객이 먼저 해당 항공사에 직접 연락하여 변경을 완료한 후, 대한항공 예약에서도 동일하게 변경해야 한다.

Code Share FLT 변경(공동 운항편)

KE Marketing(대한항공과 공동 운항편)인 경우, 시스템상 대한항공의 규정이 동일하게 적용되나, 실제 탑승하는 항공사(Operating Carrier)의 규정을 확인할 필요가 있다. 따라서 해당 항공편을 실제로 운항하는 항공사에서 영문 이름 변경이 가능한지 여부를 반드시 확인해야 한다.

국내선 한글 이름 변경

한글 이름의 경우, 한글을 영문으로 변환한 Romanized Name에서 영문 세 글자까지 허용한다.

2) 베트남항공

베트남항공은 승객이 여행사에서 발권하지 않고 개별적으로 홈페이지를 통해 구매한 경우에만 항공사에서 이름 변경을 진행할 수 있다.

항공권 이름 변경 규정 예시

- 입력(Typing) 또는 철자(Spell) 오류로 인한 한 글자 변경

TRAN/NINH QUANG MR ▶ TRAN/MINH QUANG MR

- 성별의 변경

LEE/YUNA MR ▶ LEE/YUNA MS

- 이름 순서의 변경

ROBERT/NGUYEN MR ▶ NGUYEN/ROBERT MR

- 누락된 외국인 이름을 부분적으로 추가하거나 빼는 경우

MANTRANT/JEAN MARIE ▶ MANTRANT/MARI MR

3) 비엣젯항공

- 성(Last Name)과 이름(First Name)은 발음이 동일하면 두 글자 이내로 철자를 변경할 수 있다.

> ☞ 반드시 항공권의 성별(Title)도 정확하게 발행되어야 한다.(출발 3시간 전까지 무료 변경)
> ☞ 단 출발 3시간 이내부터는 공항에서만 변경 처리 가능하며, 공항에서 변경 시 수수료가 발생한다.(국제선과 국내선 동일하게 VND 100,000)

- 항공권에 명시된 탑승자의 변경은 최초로 발권한 항공권 클래스가 SkyBoss 운임, SkyBoss Business 운임인 경우에 허용되며, 이외 클래스는 불가능하다.

CASE STUDY 1

⊙ 다음 상황에 맞게 본인이 탑승 수속 직원이라고 가정하고 해결 방안을 작성해 보자. 그 후 짝꿍과 Role-play를 진행하기 위해 대본을 작성해 보자.

❖ 여권과 항공권의 영문 이름 철자가 서로 일치하지 않는 경우

Key Point

- 항공사에 따라 항공사별 영문 이름의 수정 규정은 다르다. 영문 이름의 변경과 재발행은 항공권 구입처를 통해 이루어져야 한다. 탑승 수속 전과 후로 여권과 탑승권 영문 이름 철자가 틀리지 않은지를 꼼꼼하게 확인하는 습관을 지니도록 한다.

CASE STUDY 2

⊙ 다음 상황에 맞게 본인이 탑승 수속 직원이라고 가정하고 해결 방안을 작성해 보자. 승객이 두 국가(한국과 캐나다) 여권을 모두 사용하는 경우, 출입국 심사에서 발생할 수 있는 문제와 이를 사전에 해결하기 위한 방안을 짝꿍과 토론해 보자. 그 후 짝꿍과 Role-play를 진행하기 위해 대본을 작성해 보자.

❖ 승객의 자녀가 항공권 예약은 한국 여권의 이름으로 하고 탑승 수속은 캐나다 여권으로 받아야 하는 경우

Key Point

- 승객 자녀의 여권 및 항공권 정보를 확인하고, 불일치된 부분을 정확히 파악한다. 승객에게 불일치된 여권 정보에 대한 문제를 알리고 상황을 설명한다. 항공사와 승객이 가고자 하는 국가의 규정을 확인하고 정확한 절차와 유연한 해결책을 제안하여 문제를 최소화하고, 상황에 따라 예약 변경이나 필요한 서류 제출에 대한 도움을 제공하여 승객이 원활하게 탑승할 수 있도록 한다.

⊙ 앞서 언급한 Case Study 상황처럼, 이중 국적을 가진 승객이 두 개의 여권을 소지할 경우, 한국 국적 여권을 기반으로 하면서도 다른 국적 여권의 영문 이름으로 탑승권을 예약하는 경우가 종종 발생한다. 이때 탑승 수속 직원은 승객의 신원을 철저히 확인한 후, 탑승권을 전달해야 한다. 어떻게 응대하는 것이 바람직할지 논의해 보자.

여권 PASSPORT 대한민국 REPUBLIC OF KOREA

종류/Type PM 국가번호/Country code KOR 여권번호/Passport no. N123N1004

성/Surname LEE

이름/Given name NANA

한글 성명 이나나

생년월일/Date of birth 09 8월/AUG 2000 성별/Sex F

국적/Nationality REPUBLIC OF KOREA 발행관청/Authority MINISTRY OF FOREIGN AFFAIRS

발급일/Date of issue 24 8월/AUG 2022 만료일/Date of expiry 24 8월/AUG 2032

PMKORLEE<<NANA<<<<<<<<<<<<<<<<<<<<<<<<<<<<<<<<<<<<<<<<<<<<<<<

N123N1004KOR200809N123456V20000000000000000000000000000000

Kimura/iStock/Getty Images Plus

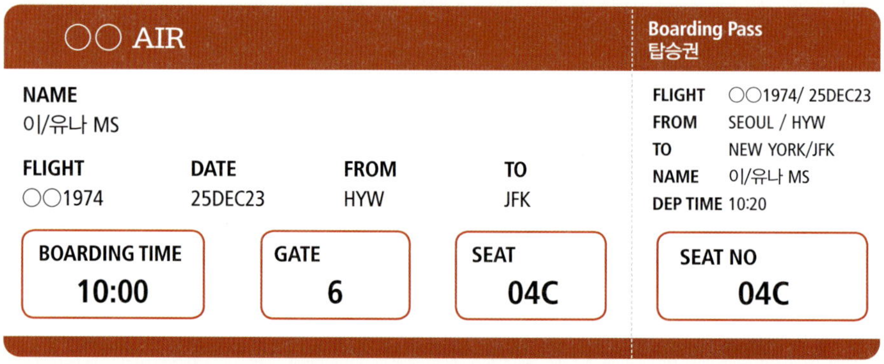
○○ AIR Boarding Pass 탑승권

NAME 이/유나 MS

FLIGHT ○○1974 DATE 25DEC23 FROM HYW TO JFK

BOARDING TIME 10:00 GATE 6 SEAT 04C

FLIGHT ○○1974/ 25DEC23
FROM SEOUL / HYW
TO NEW YORK/JFK
NAME 이/유나 MS
DEP TIME 10:20

SEAT NO 04C

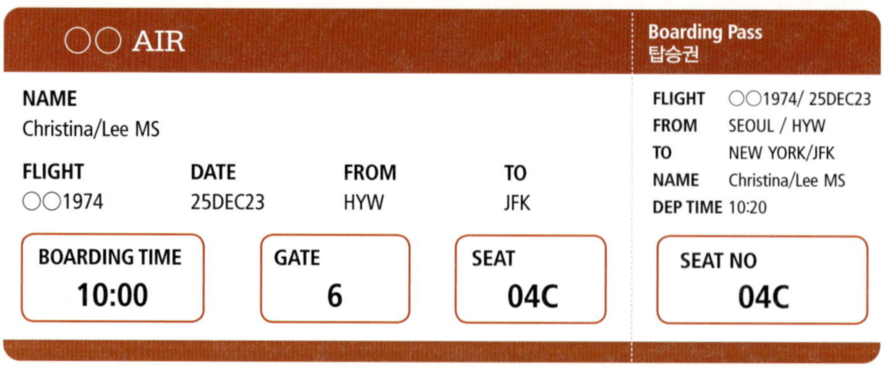
○○ AIR Boarding Pass 탑승권

NAME Christina/Lee MS

FLIGHT ○○1974 DATE 25DEC23 FROM HYW TO JFK

BOARDING TIME 10:00 GATE 6 SEAT 04C

FLIGHT ○○1974/ 25DEC23
FROM SEOUL / HYW
TO NEW YORK/JFK
NAME Christina/Lee MS
DEP TIME 10:20

SEAT NO 04C

CASE STUDY 3

⊙ 다음 상황에 맞게 본인이 탑승 수속 직원이라고 가정하고 해결 방안을 작성해 보자. 그 후 짝꿍과 Role-play를 진행하기 위해 대본을 작성해 보자.

❖ 여권 유효기간이 6개월 이내이거나 구여권을 가지고 온 경우

Key Point

- 여권 유효기간이 6개월 이내이거나 구여권을 소지한 승객이 있을 경우, 탑승 수속 불가 규정을 자세하게 설명하도록 한다. 만일 이용 가능한 다음 항공편이 있거나 탑승 수속 시간에 여유가 있다면 긴급 여권으로 수속/입국이 가능함을 안내할 수 있다. 다만, 해당 국가 도착 후 입국 심사 시 문제가 발생할 수 있음을 꼭 안내해야 한다. 말레이시아, 베트남 등 주요 국가는 긴급 여권과 함께 입국 사증(비자)을 소지해야 하고, 인도네시아는 긴급 여권으로 입국이 불가하다.

⦿ 앞서 언급한 Case Study 상황처럼, 긴급 여권을 발급받아야 하는 승객이 여권 발급 시 작성해야 하는 서류이다. '여권 발급 신청서'는 여권 발급을 위한 기본 서류이며, 이와 함께 작성해야 하는 '긴급 여권 발급 신청 사유서'도 필요하다. 여권 발급은 지상직 업무가 아니지만, 승객에게 여권 발급 절차를 설명할 수 있도록 기본적인 정보와 작성법을 숙지하는 것이 중요하다. 본인의 정보를 기준으로 여권 발급 신청서와 긴급 여권 발급 신청 사유서를 작성해 보자.

■ 여권법 시행규칙 제3조 [별지 제1호서식] <개정 2024. 2. 7.>

여 권 발 급 신 청 서

※ 뒤쪽의 유의사항을 반드시 읽고 검은색으로 작성하시기 바랍니다. (앞쪽)

여권 선택란	※ 아래 여권 종류, 여권 기간, 여권 면수를 선택하여 해당란에 [√] 표시하시기 바랍니다. 표시가 없으면 일반여권의 경우 10년 유효기간의 58면 여권이 발급되며, 자세한 사항은 접수 담당자의 안내를 받으시기 바랍니다.		
여 권 종 류	□ 일반 □ 관용 □ 외교관 □ 긴급 □ 여행증명서(□ 왕복 □ 편도)	여 권 면 수	□ 26 □ 58
여 권 기 간	□ 10년 □ 단수(1년) □ 잔여기간	담당자 문의 후 선택	□ 5년 □ 5년 미만

필수 기재란	※ 뒤쪽의 기재방법을 읽고 신중히 기재하여 주시기 바랍니다.		
사 진 • 신청일 전 6개월 이내 촬영한 천연색 상반신 정면 사진 • 흰색 바탕의 무배경 사진 • 색안경과 모자 착용 금지 • 가로 3.5cm x 세로 4.5cm • 머리 (턱부터 정수리까지) 길이 3.2cm~3.6cm	여권 신청인	한글성명	
		주민번호	-
		본인연락처	※ '-' 없이 숫자만기재
	※ 긴급연락처는 **다른 사람**의 연락처를 기재하십시오. (해외여행 중 사고발생시 지원을 위하여 필요)		
	긴급 연락처	성명	관계 (신청인의)
		전화번호	※ '-' 없이 숫자만기재

추가 기재란		※ 로마자성명은 여권을 처음 신청하거나 기존의 로마자성명을 변경하는 경우에만 기재하시고, 뒤쪽 아래의 로마자성명 기재방법을 읽고 신중히 기재하여 주시기 바랍니다.
로마자 (대문자)	성	
	이름	
등 록 기 준 지		※ 담당공무원의 요청이 있을 경우 기재합니다.

선택 기재란	※ 원하는 경우에만 기재합니다.
배우자의 로마자 성(姓)	※ 기재하는 경우 여권에 'spouse of 배우자의 로마자 성'의 형태로 표기되며, 대문자로 기재해 주시기 바랍니다.
점자여권	□ 희망 □ 희망 안 함 ※ **시각장애인**일 경우에만 네모 칸 안에 [√] 표시하시기 바랍니다.
우편배송 서비스	□ 희망 □ 희망 안 함 (상세주소 기재)

1. 뒤쪽의 유의사항을 확인하고 위의 내용을 작성하였으며, 기재한 내용이 사실임을 확인합니다.
2. 「여권법」 제9조 또는 제11조에 따라 여권의 발급을 신청합니다.

년 월 일

신청인(또는 대리인) 성명 (서명 또는 인)

외 교 부 장 관 귀 하

행정정보 공동이용 동의서

본인은 여권 발급 신청과 관련하여 담당 공무원이 「전자정부법」 제36조에 따른 행정정보 공동이용 등을 통하여 본인의 아래 정보를 확인하는 것에 동의합니다. (※ 동의하지 않는 경우에는 신청인 또는 위임받은 사람이 해당 서류를 직접 제출해야 합니다.)

년 월 일

신청인(또는 대리인) 성명 (서명 또는 인)

※ **담당공무원 확인사항** : ① 「병역법」에 따른 병역관계 서류, ② 「가족관계의 등록 등에 관한 법률」에 따른 가족관계등록전산정보자료, ③ 「주민등록법」에 따른 주민등록전산정보자료, ④ 「출입국관리법」에 따른 출입국전산정보자료, ⑤ 장애인증명서

접수 담당자 기재란

접수번호				(영수확인)
특이사항				
심 사 란	접 수 자	심 사 자	발 급 자	

210mm×297mm[백상지 120g/㎡]

출처: 외교부 여권안내 홈페이지(https://www.passport.go.kr)

■ 여권법 시행규칙 [별지 제1호의3서식]

긴급여권 발급신청 사유서

※ [ ]에는 해당되는 곳에 √표시를 합니다.

성명	
여행목적	[ ] 친족의 사망/질병/부상 등 인도적 사유 [ ] 출장 [ ] 여행 [ ] 기타
발급사유	[ ] 여권 유효기간 만료 [ ] 여권 유효기간 부족 [ ] 여권 분실·도난 [ ] 여권 미소지 [ ] 여권 훼손 [ ] 여권 신규발급 [ ] 행정 착오로 인한 여권 재발급 [ ] 기타
여행 국가 또는 지역	
여행기간	년 월 일 ~ 년 월 일
긴급한 사유 (상세기술)	

「여권법 시행령」 제14조제2호 및 같은 법 시행규칙 제4조제7항에 따라 위와 같이 긴급여권 신청 사유를 제출하며, 기재한 내용이 사실과 다름이 없음을 확인합니다.

※ 「여권법」 제24조(벌칙): 이 법 제16조제1호를 위반하여 여권 등의 발급이나 재발급을 받기 위하여 제출한 서류에 거짓된 사실을 적은 사람, 그 밖의 부정한 방법으로 여권 등의 발급, 재발급을 받은 사람이나 이를 알선한 사람은 3년 이하의 징역 또는 3천만원 이하의 벌금에 처한다.

년 월 일

신청인(또는 대리인) ______________ (서명 또는 날인)

외교부장관 귀하

처리절차						
작 성	➔	접 수	➔	처 리	➔	발 급

210㎜× 297㎜[백상지 80g/㎡]

출처: 외교부 여권안내 홈페이지(https://www.passport.go.kr)

CASE STUDY 4

⊙ 다음 상황에 맞게 본인이 탑승 수속 직원이라고 가정하고 해결 방안을 작성해 보자. 그 후 짝꿍과 Role-play를 진행하기 위해 대본을 작성해 보자.

❖ 여권이 기념 도장 날인, 메모/낙서, 페이지 유실로 훼손된 경우

Key Point

- 훼손된 여권을 사용하면 위/변조 여권으로 의심을 받을 수 있다. 훼손된 여권으로 외국 입국을 시도할 경우, 위/변조 여권으로 간주되어 입국 거부 및 형사 처벌 등의 불이익이 발생할 수 있으므로, 여권이 훼손되지 않도록 해야 한다. 탑승 수속 전에 여권 훼손 여부를 확인하여 경미한 부분에도 반드시 승객과 확인하여 탑승 수속과 입국에 문제가 없도록 해야 한다.

⦿ 이 서류는 항공사가 승객에게 받는 서약서로, 특정한 문제 발생 가능성이 있을 때 작성된다. 승객은 이 서약서에 서명함으로써 해당 문제에 대한 이해와 동의를 표시한다. 앞서 언급한 Case Study 상황에 맞춰 작성한 Role-play 시나리오에 따라 탑승 수속 직원과 승객의 역할을 가정하고, 짝꿍과 함께 서약서를 직접 작성해 보자.

Declaration of Indemnity
승객 서약서

TO: ○○AIR

Date/일자: ____________________

FLT NB/항공편명: ________________

NAME/성명: ________________ (인)

I, the undersigned passenger hereby, declare and agree to release their agents and employees from any liabilities for possible detrimentally consequence which may encounter at the time of entry. So to speak, the undersigned will may and/or sustain all cost by which may result to the airline from the irregularities mentioned below.

본인은 ○○항공을 이용하여 여행함에 있어서 다음과 같은 사유로 인하여 항공기의 출발 도착 후 문제가 발생한다고 할지라도, 귀사 및 귀사 직원에 대하여 귀사가 취한 모든 조치를 감수하겠으며, 또한 이에 따라 발생할 수 있는 제반 문제 및 귀사 또는 제3자에게 끼친 손해를 본인이 보상하겠음을 서약합니다.

( ) Absence of a valid visa required by immigration authorities
목적지 이민국이 요구하는 유효한 비자의 부재

( ) Absence of running to travel or return or onward ticket
여행에 필요한 현금과 복편 혹은 이원구간 항공권 미소지

( ) Release applies fragile & unsuitably packed
파손되기 쉬운 물품의 운송 위탁

( ) Late show-up counter and check-in after close time of flight
마감시간 이후의 탑승 수속에 따른 제반 문제 발생

( ) Expiration of reminder of passport validity
목적지 국가 입국 시 필요한 여권의 유효기간 부족

( ) Damaged passport, or discrepancy between passenger details and document
여권 훼손 및 승객과 여권 정보의 불일치

( ) Others
기타

SECTION 07 여행 정보 매뉴얼

TIM(Travel Information Manual)

TIM은 1963년부터 항공업계에서 사용되어 온 여권, 비자, 입국 및 건강 요건, 관세 및 통화 규정 등 국가별 정보를 제공하는 종합적인 매뉴얼이다. IATA에서 발행하며, 매월 1개월 단위로 업데이트되는 최신 정보를 제공한다. 여행사, 항공사, 다국적 기업, 정부기관 등에서 주요한 참고자료로 활용되고 있다. 정보는 문서 형태로 제공되며, 다음과 같은 내용을 포함한다.

- 여권(Passport)
- 비자(Visa)
- 건강 정보(Health)
- 공항세(Airport Tax)
- 세관(Customs)
- 통화(Currency)

TIMATIC(Travel Information Manual Automatic)

TIMATIC은 TIM을 자동화 및 디지털화한 시스템으로, 더 빠르고 효율적인 정보 제공을 목표로 한다. 실시간으로 정보를 업데이트하고, 세부적인 입국 및 출국 요건을 제공한다. 또한 항공사 예약 시스템(GDS), 수속 시스템(DCS)과 연계되어 실시간으로 입출국 요건을 반영하며, 여권, 비자, 검역, 공항세, 세관, 면세 한도, 수하물 등의 조건을 상세하게 제공한다. 특히 여권 종류, 여정, 체류 기간 등에 따른 구체적인 요건을 세부적으로 확인할 수 있다. 즉, IATA TIMATIC은 여행사와 항공사가 출입국 규정을 정확히 준수할 수 있도록 돕는 표준 시스템이다.

TIM과 TIMATIC의 비교

TIM

'한국 여권 소지자가 미국을 방문할 때 비자 면제 조건'처럼 기본적이고 일반적인 정보를 제공한다.

참고

TIMATIC

'한국 여권 소지자가 경유지 일본에서 48시간 체류 후 미국으로 여행할 때 필요한 서류와 조건'처럼 세부적인 조건에 따른 정확한 정보를 제공한다.

참고

TIMATIC 예시

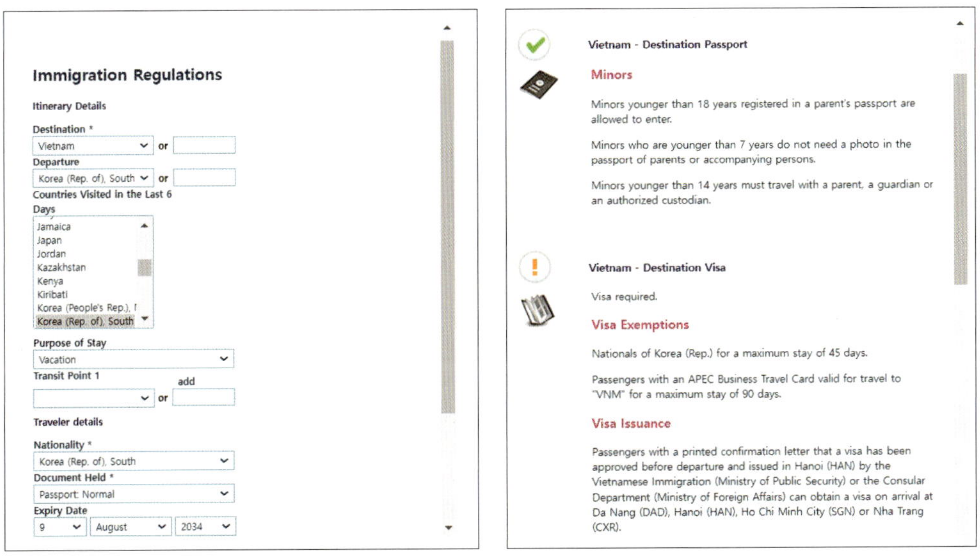

출처: IATA TIMATIC 사이트(https://www.timaticweb2.com/)

CASE STUDY 1

⊙ 다음 상황에 맞게 본인이 탑승 수속 직원이라고 가정하고 해결 방안을 작성해 보자. 승객이 여행하고자 하는 국가의 출입국 규정에 따라 응대 방안이 달라질 수 있으므로, 해당 국가의 출입국 규정을 먼저 파악하고 조별로 토론해 보자. 그 후 짝꿍과 함께 Role-play를 진행하기 위해 대본을 작성해 보자.

❖ 여행 국가의 비자 규정을 확인하지 않은 채 Show-up한 경우

Key Point

- 승객이 비자 규정을 확인하지 않고 도착한 경우, 우선 승객의 상황을 친절하게 이해하고 필요한 지원을 제공해야 한다. 승객이 비자 규정을 확인하지 않은 것은 불가피한 상황에서 발생했을 가능성이 높으므로, 이에 대한 이해를 바탕으로 문제를 해결하기 위한 적극적인 노력이 필요하다. 이를 위해 TIM/TIMATIC을 통해 규정을 재확인한 후, 승객에게 필요한 정보를 제공하고 가능한 조치를 하도록 도와준다.
- 그러나 탑승 수속 시간은 한정적이며, 비자 문제는 공항에서 즉시 해결하기 어려운 경우가 많다. 따라서 승객에게 사전 준비와 비자 신청의 중요성을 강조하고, 향후 불편을 최소화할 수 있는 방법을 안내하는 것이 중요하다.

CASE STUDY 2

⊙ 다음 상황에 맞게 본인이 탑승 수속 직원이라고 가정하고 해결 방안을 작성해 보자. 그 후 짝꿍과 함께 Role-play를 진행하기 위해 대본을 작성하고, 실제 상황에서 발생할 수 있는 승객 서약서를 작성해 보자. 승객이 항공사 규정을 준수해야 한다는 내용을 포함하여 실제 상황처럼 서약서를 작성하는 실습을 진행해 보자.

❖ 세계 일주 중인 승객이 복편이나 이원구간 항공권을 미소지한 경우

Key Point

- 승객이 복편이나 이원구간 항공권을 미소지한 경우, 필요한 정보를 정확히 파악하기 위해 승객과 소통하며 정보를 수집한다. 미소와 친절한 인사로 승객을 응대하고, 해당 국가의 출입국 규정 및 필요한 서류와 절차를 친절히 안내하며, 신속히 서류를 준비할 수 있도록 돕는다. 상황에 따라 유연하게 대응하며, 항공사의 정책을 고려하여 최적의 해결책을 제시하여 승객의 편의를 도모한다.

⦿ 이 서류는 항공사 승객 서약서이다. 앞서 언급한 Case Study 상황에 맞춰 작성한 Role-play 시나리오에 따라 탑승 수속 직원과 승객의 역할을 가정하고, 짝꿍과 함께 서약서를 직접 작성해 보자.

서약서

- 편명과 날짜: YY________ / __________ / ICN-
- 사유: ____
- 승객 성명: ____________________________________

상기인이 20_____년 _____월 _____일 ○○항공에서 _______편으로 ________에서 _______까지 여행하는 데 있어 상기자가 귀사 항공기에 탑승 시나 탑승 중 혹은 탑승 후 유해한 결과가 발생한다 하더라도 귀사 및 귀사 직원에 대하여 일체의 책임을 부과치 않음은 물론 발생하는 부수적 지출 및 항공사 또는 제3자에게 끼친 손해에 대하여 일체의 책임을 질 것을 서약합니다.

- 주소: __________________________________
- 연락처: ________________________________

- 승객 서명(혹은 보호자): ________________________서명(Signature)

20_____년(Year) ______월(Month) ______일(Date)

CASE STUDY 3

⊙ 다음 상황에 맞게 본인이 탑승 수속 직원이라고 가정하고 해결 방안을 작성해 보자. 조별로 이러한 상황에서 어떻게 응대하는 것이 좋을지 토론한 후, 짝꿍과 Role-play를 진행하기 위해 대본을 작성해 보자.

❖ 현장에서 출발 항공편 기내식 신청을 원하는 경우

Key Point

- 여행 노선 및 시간대, 계절 및 기종에 따라 다르지만, 대부분의 항공사는 기내식을 사전에 예약할 것을 권장한다. 현장에서 곧 출발하는 항공편의 기내식 신청을 원하는 경우, 이에 대한 가부는 항공사의 정책 및 상황에 따라 다를 수 있기에 승객에게 항공사 규정을 안내하도록 한다.
- 기내에 여유분의 기내식이 준비되어 있을 수 있으니, 승객이 승무원에게 직접 문의하여 기내식 구매 가능 여부를 확인할 수 있도록 안내한다.

SECTION

08 승객 신분 확인

승객 신분 확인 표준 절차

- 항공편을 사전 예약한 승객의 탑승권 발급 시 목적지, 탑승시간 및 편명 등 예약 정보를 확인하고, 항공기 탑승권을 공항 현장에서 판매 및 발급할 때도 승객 요구에 맞게 탑승권이 발급되었는지 확인한다.
- 공항의 무인 탑승권 발급기 키오스크, 휴대전화 등을 통해 탑승권을 발급할 때도 전자적인 방식으로 승객이 직접 예약 정보를 확인하도록 안내한다.
- 국가항공보안계획에서 정한 승객의 유효 신분증과 실물을 대조하여 승객의 신원 확인을 철저히 하도록 한다.
- 신원 확인 시 충분한 시간을 두고 눈 → 코 → 귀 위치를 확인하여 신분증과 대조한다. 승객이 모자, 선글라스, 마스크 등을 착용하여 얼굴의 일부를 가리고 있을 경우, 반드시 해당 물품을 탈착하도록 한 후 신원을 확인한다.
- 승객의 실물 신분증을 통한 신원 확인 시 승객의 신분이 의심스러워 추가 확인을 해야 하는 경우 신분증에 기재되어 있는 사항(주민등록번호 뒷자리, 주소, 거주지 등)을 추가로 질의하여 승객의 신원을 철저히 확인한다.
- 만일 신원이 일치하지 않는 경우 승객의 신변을 확보하고 공항 내 종합상황실에 통보하는 등 관계기관에서 합동 조사를 하도록 한다.

의심스러운 승객의 신분을 추가 확인해야 하는 경우

- 신분증을 발급받은 지 오래되었거나, 부착된 사진이 훼손되어 승객 신원 확인이 어려운 경우
- 머리카락 염색, 얼굴 문신, 장신구 착용, 진한 화장 등 알아보기 어려울 정도로 외모를 꾸민 경우
- 신분증 부착 사진과 다른 외모 · 체격 등으로 인해 승객의 신원이 의심되는 경우
- 주민등록등본, 가족관계 증명서, 건강보험증, 보호자 확인 등 승객의 사진이 부착되지 않은 신분증으로 신원 확인을 하는 경우

CASE STUDY 1

⊙ 다음 상황에 맞게 본인이 탑승 수속 직원이라고 가정하고 해결 방안을 작성해 보자. 조별로 이러한 상황에서 어떻게 응대하는 것이 좋을지 토론한 후, 짝꿍과 Role-play를 진행하기 위해 대본을 작성해 보자.

❖ 의심스럽거나 과도한 성형 수술로 신분 확인 절차가 필요한 경우

Key Point

- 발급받은 지 오래되었거나 훼손되어 신분 확인이 어려운 신분증 및 여권, 사진과 다른 외모와 체격 등으로 의심되는 경우, 얼굴 문신/성형 수술/장신구 착용/진한 메이크업/머리카락 염색 등으로 외모를 꾸민 경우에는 승객의 신원 확인을 철저히 해야 한다. 이때 추가 질의를 실시하는 것이 중요하다.
- 승객의 신원 확인 시에 충분한 시간을 두고 눈 → 코 → 귀 위치를 확인하여 신분증이나 여권과 대조한다. 승객이 모자, 마스크, 선글라스 등을 착용하여 얼굴을 일부 가리고 있을 때는 반드시 해당 물품을 탈착하도록 한 이후에 신원을 확인한다.

CASE STUDY 2

⊙ 다음 상황에 맞게 본인이 탑승 수속 직원이라고 가정하고 해결 방안을 작성해 보자. 실제 사례를 찾아보고, 그 상황에서 어떤 방안이 필요할지 생각해 보자. 그 후 짝꿍과 Role-play를 진행하기 위해 대본을 작성해 보자. 이 과정에서 발생할 수 있는 다양한 대응 상황을 준비해 실습을 진행해 보자.

❖ 마약/알코올 중독자 등 안전 운항에 위해할 것으로 의심되는 경우

Key Point

- 만취한 것으로 보이거나 약물에 의한 신체적 영향을 나타내는 승객이 있을 경우, 승객의 의심스러운 행동이나 상태를 주의 깊게 관찰하고, 안전 운항에 위협이 될 수 있는 상황을 파악한다. 이러한 승객에 대해서는 공항 지점장, 해당 항공편 기장, 그리고 객실 승무원에게 빠르게 승객의 정보와 상황을 전달하여 안전 운항에 지장이 없도록 인계한다.
- 안전 운항에 위협이 있을 것으로 판단되는 경우, 공항 보안 요원 등 관련 부서나 항공 당국에 추가 지원을 요청할 수 있으며, 공항 지점장의 판단에 따라 운송을 거절할 수 있다.

SECTION 09 좌석

1) 주요 좌석 유형별 배정

구분	내용
Window Seat	창 측 좌석
Aisle Seat	복도 측 좌석
Emergency Exit Row Seat	비상구가 위치한 열의 좌석

소아(Child) 좌석 배정

- 소아 좌석은 동반하는 성인 승객의 옆 좌석에 배정한다.
- 비동반 소아(Unaccompanied Minor)로 여행하는 경우는 지정 좌석에 배정한다.

유아(Infant) 좌석 배정

- 24개월 미만의 유아는 별도의 좌석을 점유하지 않고 동반하는 성인의 책임하에 성인이 안고 착석한다.
- 유아 좌석은 같은 열 좌측 혹은 우측 3석 중 추가 산소마스크가 장착된 좌석으로 배정한다.
- 추가 산소마스크가 없으나 옆 좌석에 Block을 조치할 경우 유아 동반 승객을 배정할 수 있다.

장애인(Disabled Passenger) 좌석 배정

- 탑승 및 하기에 편리한 복도 측 좌석으로 배정한다.
- 비상구가 위치한 열의 좌석은 배정을 금지한다.

2) 비상구 좌석 배정

비상구 좌석의 정의

- 승객이 기내의 통로를 이용하지 않고 어떠한 기내 구조물의 방해 없이 바로 비상구로 접근할 수 있는 좌석
- 해당 좌석을 지나지 않고는 비상구에 접근할 수 없는 좌석

비상구 열 좌석 배정 우선순위

① 항공 업무에 종사하는 신체 건강한 승객
② 한국어 또는 영어로 의사소통이 가능한 신체 건강한 승객
③ 비상 상황 시 승무원의 지시에 따라 비상구를 작동할 수 있는 신체 건강한 승객

비상구 열 좌석 배정이 불가한 승객

- 체력, 활동성 또는 양팔이나 두 손 및 양다리의 민첩성이 필요한 행동을 수행하기에 충분하지 않은 승객
- 만 15세 미만이거나 동반자 도움 없이 하기 항목에 열거된 하나 이상의 역할을 수행하기에 불충분한 승객

Sorbis / Shutterstock.com

- 글과 그림 형태로 제공된 비상 탈출에 관한 지시사항을 읽고 이해하지 못하거나 승무원의 구두 지시를 이해하지 못하는 승객
- 일반적인 보청기를 제외하고 다른 청력 보조 장비 없이 승무원의 구두 지시를 듣고 이해할 수 없는 승객
- 다른 승객들에게 정보를 적절하게 전달할 수 있는 능력이 부족한 승객
- 승객의 상태나 책임으로 인해 비상 상황 시 역할 수행에 방해가 되는 승객 또는 이러한 역할을 수행할 경우 해를 입게 되는 승객
- 비상구 열 좌석 착석 규정을 준수할 의사가 없거나 비상 상황 시 승객을 도와 탈출할 의사가 없는 승객

CASE STUDY 1

⦿ 다음 상황에 맞게 본인이 탑승 수속 직원이라고 가정하고 해결 방안을 작성해 보자. 비상구 좌석 규정을 다시 한번 되새기고, 승객에게 이 규정을 어떻게 설명할 수 있을지 생각해 보자. 그 후 조별로 팀을 이뤄 승객을 설득하는 방식으로 토론을 진행하자. 마지막으로, 짝꿍과 함께 Role-play를 진행하기 위한 대본을 작성해 보자.

❖ 온라인으로 사전 비상구 좌석을 예약했으나, 조건이 되지 않는 경우

Key Point

- 실제로 온라인으로 사전 비상구 좌석을 예약했음에도 불구하고, 어떤 이유로 인해 조건이 충족되지 않는 경우가 자주 발생하여 승객의 불만이 많다. 이에 대비하여 승객에게 비상구 좌석 예약 시 규정을 자세하게 안내하도록 한다.
- 또한 여행 전에 승객이 이 부분에 대해 항공사로 문의할 경우, 항공사 고객서비스 센터에 전화하거나 이메일을 보내어 직접 상황을 설명하고 도움을 요청하도록 안내한다. 동시에 비상구 좌석과 비슷한 금액대의 대체 좌석이 가능한지 확인하여 제안하는 등 승객의 불편을 최소화하기 위해 노력한다.

CASE STUDY 2

⊙ 다음 상황에 맞게 본인이 탑승 수속 직원이라고 가정하고 해결 방안을 작성해 보자. 항공기 기종 변경이 이루어지는 이유에 대해 조별로 토론을 진행하고, 승객에게 이를 어떻게 설득력 있게 설명할 수 있을지 고민해 보자. 그 후 짝꿍과 함께 Role-play를 진행하기 위해 대본을 작성해 보자.

❖ 기종이 변경되어 승객이 사전 예약한 비상구 좌석을 제공받지 못하는 경우

Key Point

- 항공기 기종 변경으로 승객이 사전에 온라인을 통해 예약한 비상구 좌석을 제공할 수 없는 경우, 항공사는 탑승 수속 전에 승객에게 왜 기종이 변경되었는지에 대한 안내를 제공하며, 대체 좌석 제공과 함께 보상 및 환불 옵션을 제시하도록 한다.
- 항공사의 규정에 따라 상이하겠지만, 승객의 불편을 최소화하기 위해 추가 서비스도 제공하며, 향후 조치에 대한 안내를 통해 승객과의 원활한 소통을 유지하고 신뢰를 구축하도록 노력하는 것이 중요하다.

⦿ 아래는 항공사 사전 좌석 배정을 위한 배치도 화면과 사전 좌석 배정 취소 안내 관련 이메일이다. 승객이 항공권 구매 시 유료로 사전 예약한 비상구 좌석이 기종 변경으로 인해 제공되지 않을 경우, 해당 상황에 대한 적절한 대처 방법을 배치도 화면을 통해 확인해 보자. 비상구 좌석 외에도 각 항공사별로 다양한 유료 좌석 옵션이 있으니 참고하자.

CASE STUDY 3

⊙ 다음 상황에 맞게 본인이 탑승 수속 직원이라고 가정하고 해결 방안을 작성해 보자. 그 후 짝꿍과 함께 Role-play를 진행하기 위해 대본을 작성해 보자.

❖ 현장에서 비상구 좌석을 구매하길 원하는 경우

Key Point

- 탑승 수속 카운터에서 비상구 열 좌석을 구매하려는 승객이 있는 경우, 먼저 시스템을 통해 남아 있는 비상구 좌석의 가용 여부를 확인한다. 그다음, 승객에게 비상구 열 좌석을 배정할 수 있는지를 파악하기 위해 구두 질의를 하고, 가능하다면 승객을 발권 카운터로 안내한다. 결제가 완료된 승객의 영수증을 확인한 후 시스템을 통해 좌석을 배정한다.

⊙ 이 그림은 주요 기종별 좌석 배치도(Seat–map)이다. 각 기종마다 비상구 좌석의 배치가 다르기 때문에, 탑승 수속 시 해당 항공편의 운항 기종에 대한 기본적인 좌석 구조와 비상구 좌석의 번호 및 특징을 숙지하는 것이 중요하다. 각 기종별 비상구 좌석을 찾아 체크해 보자.

A380

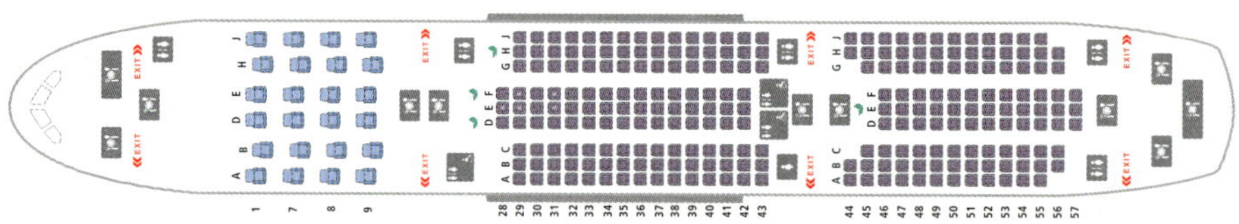

B787-9

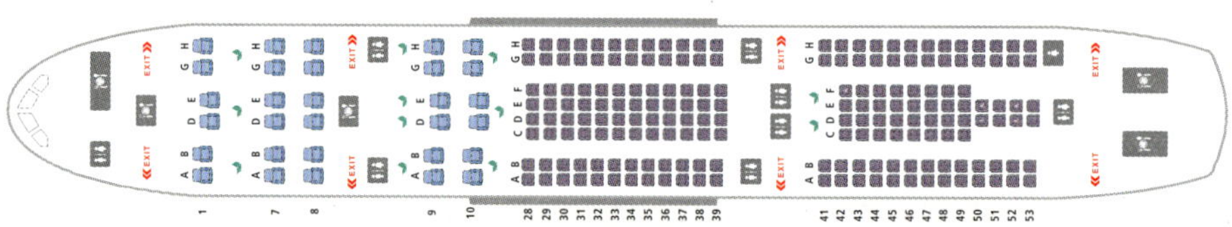

A330-200

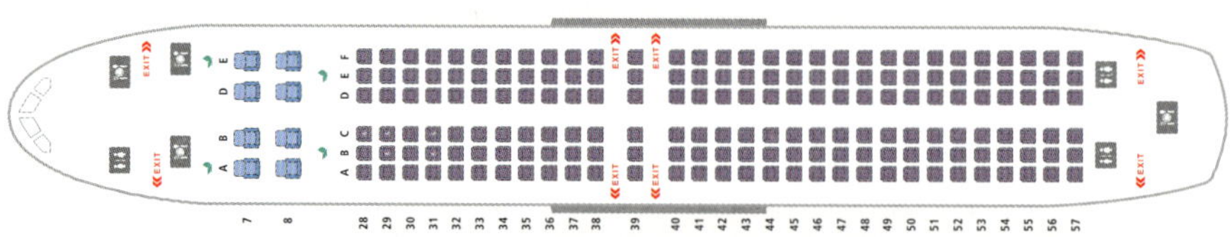

B737-900

CASE STUDY 4

⊙ 다음 상황에 맞게 본인이 탑승 수속 직원이라고 가정하고 해결 방안을 작성해 보자. 그 후 짝꿍과 함께 Role-play를 진행하기 위해 대본을 작성해 보자.

❖ 체크인 마감이 임박한 상황에서 좌석을 나란히 배정받기를 원하는 경우

Key Point

- 지상직 직원은 체계적으로 업무를 수행하면서 승객의 요청에 신속하게 대응해야 한다. 나란히 앉기를 희망하는 승객과 원활히 소통하고, 가능한 경우 최대한 도움을 제공하기 위해 노력해야 한다. 항공사의 정책과 절차를 정확히 숙지하고, 승객의 요청에 대해 항공사의 정책을 엄격히 준수해야 한다. 만약 좌석의 배정이나 변경이 어려운 상황이라면, 승객에게 양해의 말씀을 전하고 가능한 대안을 제안할 수 있다.

CASE STUDY 5

⊙ 다음 상황에 맞게 본인이 탑승 수속 직원이라고 가정하고 해결 방안을 작성해 보자. 그 후 짝꿍과 함께 Role-play를 진행하기 위해 대본을 작성해 보자.

❖ 탑승 수속 중 고소 공포증, 공황 장애를 호소하는 경우

Key Point

- 고소 공포증 및 공황 장애를 호소하는 승객을 만난 경우, 먼저 건강상태를 확인한 후 의사 진단서 여부를 파악한다. 의사 진단서가 없는 경우 인터뷰를 통해 탑승 가능 여부를 판단한다.
- 항공기 출항 후 자발적 하기를 원하는 경우를 대비하여 서약서를 받고, 게이트 직원과 객실 사무장에게도 사전에 승객의 건강상태와 정보 등을 전달하여 승객의 상태를 지속적으로 관찰한다.

⊙ 이 서류는 항공사 승객 서약서이다. 앞서 언급한 Case Study 상황에 맞춰 작성한 Role-play 시나리오에 따라 탑승 수속 직원과 승객의 역할을 가정하고, 짝꿍과 함께 서약서를 직접 작성해 보자.

Declaration of Indemnity
승객 서약서

TO: ○○AIR

Date/일자: ____________________

FLT NB/항공편명: ________________

NAME/성명: ________________ (인)

I, the undersigned passenger hereby, declare and agree to release their agents and employees from any liabilities for possible detrimentally consequence which may encounter at the time of entry. So to speak, the undersigned will may and/or sustain all cost by which may result to the airline from the irregularities mentioned below.

본인은 ○○항공을 이용하여 여행함에 있어서 다음과 같은 사유로 인하여 항공기의 출발 도착 후 문제가 발생한다고 할지라도, 귀사 및 귀사 직원에 대하여 귀사가 취한 모든 조치를 감수하겠으며, 또한 이에 따라 발생할 수 있는 제반 문제 및 귀사 또는 제3자에게 끼친 손해를 본인이 보상하겠음을 서약합니다.

( ) Absence of a valid visa required by immigration authorities
목적지 이민국이 요구하는 유효한 비자의 부재

( ) Absence of running to travel or return or onward ticket
여행에 필요한 현금과 복편 혹은 이원구간 항공권 미소지

( ) Release applies fragile & unsuitably packed
파손되기 쉬운 물품의 운송 위탁

( ) Late show-up counter and check-in after close time of flight
마감시간 이후의 탑승 수속에 따른 제반 문제 발생

( ) Expiration of reminder of passport validity
목적지 국가 입국 시 필요한 여권의 유효기간 부족

( ) Damaged passport, or discrepancy between passenger details and document
여권 훼손 및 승객과 여권 정보의 불일치

( ) Others
기타

SECTION 10 수하물

수하물(Baggage)이란 여행 중에 승객이 항공기에 싣거나 착륙 후 수령하는 개인의 짐이나 물품을 말한다. 일반적으로 수하물은 두 가지 유형으로 나뉜다.

1) 수하물의 구분

참고

참고

기내 반입 휴대 수하물(Hand Carry-on Baggage)

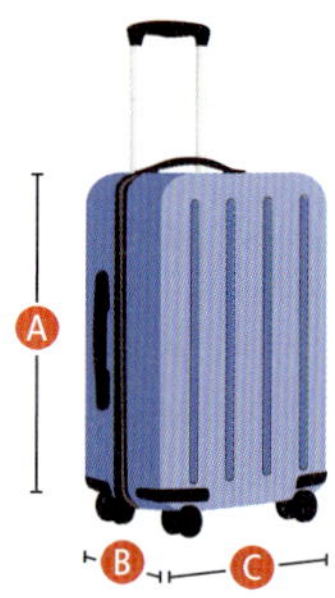

A + B + C = 115cm 이하(1개)

- 승객은 대부분의 짐을 위탁 수하물로 부치고, 개인 휴대 물품이 든 손 가방, 노트북 가방 등을 휴대하여 항공기에 탑승한다. 이때 승객이 항공기 안에 직접 지니고 들어가는 개인 물품이 휴대 수하물이며, 이 물품에는 수하물 표(Baggage Claim Tag)를 발급하지 않는다.

  ☞ 휴대 수하물의 크기와 무게는 항공사 규정에 따라 다를 수 있다.

- 기내 보안과 안전을 위해 건전지, 칼, 가위 등과 같은 기내 휴대 제한 품목은 휴대할 수 없으며, 카메라, 귀금속류 등 고가의 물품과 유리병, 도자기 등 파손되기 쉬운 물품은 직접 휴대해야 한다.
- 항공기의 안전 운항을 위해 항공기 내로 반입할 수 있는 짐의 크기는 제한을 두고 있다. 또한 통상적으로 승객의 좌석 밑이나 항공기 좌석 위 선반에 넣을 수 있는 물

품이어야 하며, 일반석에 적용되는 수하물의 크기와 무게는 개당 55×40×20cm, 세 변의 합이 115cm 이하로서 7~12kg(캐리어 기준 21인치까지 허용)이다.

☞ 항공사와 좌석 등급별로 기내 반입 가능 기준에 차이가 있다.

위탁 수하물(Checked Baggage)

- 위탁 수하물은 항공기의 수하물 칸에 승객이 탑승 수속 시에 맡기는 수하물로, 대부분의 짐이 이에 해당한다. 카메라, 귀금속류 등 고가의 물품과 유리병, 도자기 등 파손되기 쉬운 물품은 직접 휴대해야 한다.
- 위탁 수하물은 항공사와 승객이 구매한 티켓 규정에 따라 크기와 무게가 제한되며, 수하물 표(Baggage Claim Tag)를 통해 승객과 동일한 목적지로 운송된다. 짐 분실에 대비하여 가방에 소유자의 이름, 주소지, 목적지를 영문으로 작성하여 붙여 두는 것이 좋다.

규격 초과 수하물(Out of Gauge, OOG)을 위한 대형 수하물 체크인 카운터 '큰 짐 부치는 곳(Oversized Baggage Check-in)'

• 위탁 수하물 중 세관 신고가 필요한 경우에는 공항 세관 신고대에서 신고해야 한다. 제1 여객 터미널에서는 승객이 탑승 수속을 마친 후, 맡긴 가방의 X-ray 검사가 끝날 때까지 5분 정도 주변에서 기다리다가 이상이 없으면 출국장으로 이동할 수 있다. 제2 여객 터미널에서는 승객이 탑승 수속을 마친 후, 맡긴 가방의 X-ray 검사 이상 여부를 확인하기 위해 출국장의 개장 검색 지역으로 이동할 수 있다.

2) 무료 수하물 허용량(Free Baggage Allowance, FBA)

참고

• 무료 수하물 허용량을 나타내는 용어 중 하나인 FBA는 항공사가 승객에게 무료로 운송을 허용하는 수하물의 양을 나타낸다. 이는 승객이 항공권을 구매할 때 기본적으로 포함되는 운송 서비스 중 하나이다.
• FBA는 다양한 요소에 따라 달라질 수 있으며, 주로 다음과 같은 기준으로 결정된다.

 - 클래스: 일반적으로 일등석, 비즈니스석, 이코노미석 등 클래스마다 FBA가 다를 수 있다.
 - 항공사 정책: 각 항공사가 자체적 FBA를 결정하며, 항공사마다 차이가 있을 수 있다.
 - 목적지: 국제선과 국내선 또는 지역에 따라 FBA가 달라질 수 있다.

• FBA를 초과하는 수하물에는 초과 요금이 부과될 수 있다. 승객은 항공사의 정책을 사전에 확인하여 무료 수하물 허용량을 파악하고, 초과 수하물이 예상될 경우 미리 대비해야 한다.

대한항공 FBA

국제선 구간(미주/브라질 구간 제외)

구분	무료 수하물 허용량
일등석	3개, 각 32kg 이하
프레스티지석	2개, 각 32kg 이하
일반석	1개, 23kg 이하

미주 출/도착 구간(브라질 구간 제외)

구분	무료 수하물 허용량
일등석	3개, 각 32kg 이하
프레스티지석	2개, 각 32kg 이하
일반석*	2개, 각 23kg 이하

* 이 구간만 일반석(세이버 제외) 2개, 일반석(세이버) 1개로, 세이버 여부에 따라 허용량이 다르다.

브라질 출/도착 구간

구분	무료 수하물 허용량
일등석	3개, 각 32kg 이하
프레스티지석	2개, 각 32kg 이하
일반석	2개, 각 23kg 이하

3) 휴대 및 위탁 수하물 규정

탑승 수속 카운터에서 지상직 직원은 승객이 기내에 반입할 수 있는 물품을 정확히 확인하고, 관련 규정을 안내해야 한다. 이를 통해 승객은 불필요한 사고나 법적 문제 없이 안전하게 비행할 수 있게 된다. 이러한 역할은 승객의 여행을 원활하게 진행하며 항공사와 승객의 안전을 보장하는 중요한 업무이다.

지상직 직원이 정확한 정보를 제공하고, 승객에게 친절한 안내를 함으로써 탑승 수속 과정은 훨씬 더 원활해지고, 승객은 불편을 겪지 않게 된다. 이는 항공사에도 중요한 서비스의 일환이며, 공항 내 보안 체계를 완벽하게 수행하는 데 핵심적인 역할을 한다. 또한 승객이 항공기 탑승 전에 물품에 대해 정확한 안내를 받을 수 있도록 지상직 직원은 각종 보안 규정에 대해 충분히 숙지하고 있어야 한다.

기내 반입 수하물 규정

참고

1) 위험 물질

반입 금지 물품

방사성 물질, 전염성 물질, 독성 화학 물질, 폭발성 물질 및 인화성 물질 등이 포함된다. 이에는 성냥, 라이터, 부탄가스, 휘발유, 페인트, 고농도의 알코올 음료(70% 이상) 등이 해당한다. 이러한 물품은 화재, 폭발 등 치명적인 사고를 유발할 수 있기 때문에 반입이 전면 금지된다.

> ☞ 예외 사항
>
> 일부 물품에 대해서는 1개 한정으로 반입이 허용될 수 있다. 예를 들어 휴대용 라이터 및 소형 안전 성냥은 각각 1개에 한해 객실 내 반입이 가능하다.
>
> 

2) 무기 및 위험 도구

반입 금지 물품

무기로 전용될 수 있는 물품은 모두 반입이 금지된다. 대표적으로는 도검류(과도, 커터칼, 면도칼 등), 스포츠 용품류(야구 배트, 골프채 등), 총기류 및 무술 호신용품, 공구류(드라이버, 망치 등)가 있다. 이들 물품은 항공기 내에서 상해를 유발하거나, 승객 및 승무원에게 위협적인 상황을 만들 수 있기 때문에 객실 및 위탁 수하물 반입이 금지된다.

> ☞ 예외 사항
>
> 일반 면도기, 전기 면도기, 안전 면도날 등은 객실 내 반입이 허용된다. 단, 상대적으로 안전한 용도로 제작된 제품에 한하며, 날카로운 부분이 차단된 면도기만 허용된다는 점을 기억해야 한다.
>
> 

3) 생활용품 및 의료용품

반입 가능한 물품

일부 생활용품과 의료용품은 객실 및 위탁 수하물 모두에서 반입이 가능하다. 이에 해당하는 품목으로는 수저, 포크, 손톱깎이, 기본적인 의료용품, 보행 보조기구 등이 있다. 또한 100ml 이하의 액체류(휴대용 세면 도구, 액체 세제 등) 및 보행 보조기기 등도 제한적인 조건하에서 반입이 허용된다.

≦100ml

의약품 반입 규정

의약품의 반입은 필요한 최소량으로 제한되며, 특히 처방전이 요구된다. 출국 시 보안 검사대에서 의약품을 반입하려는 승객은 처방전 또는 관련 서류를 보안 직원에게 제시해야 하며, 규정에 맞지 않을 경우 의약품 반입은 제한될 수 있다.

4) 보조 배터리 기내 반입 기준

충전 용량	수량	반입 조건			
		항공사 승인	스티커 부착	단락 방지 조치	보관 장소
100Wh 이하	1~5개	×	×	○	몸에 지니거나 좌석 앞주머니 (기내 선반 금지)
	6개~	○	○	○	
100Wh 초과~ 160Wh 이하	1~2개	○	○	○	
	3개~	반입 불가			
160Wh 초과	수량 무관	반입 불가			

[참고] 일반 보조 배터리는 대부분 100Wh 이하 제품(2,000mAH & 3.7V 제품 기준 약 74Wh 용량)

* 전자 담배는 몸에 지니고 기내 휴대가 가능하나 부치는 짐(위탁 수하물)으로는 반입 금지

위탁 수하물 투입 시 단계별 유의사항

1) 수하물 검사

- 수하물 보안 질의: 수하물 안에 귀중품이나 파손 가능 물품이 없는지 질의하고, 위탁 수하물 처리가 불가능한 물품을 안내한다. (가방 안에 리튬 이온 배터리가 있는지 문의하여 있다면 기내 휴대 수하물로 처리)
- 수하물 규격 준수: 허용 규격을 초과하는 경우 규격 초과 수하물(OOG) 체크인 카운터에 투입한다.
- 수하물 터브(Tub) 사용: 둥근 형태 또는 최소 규격 미만의 수하물은 수하물 터브에 담아서 단단하게 고정한 후 투입한다.

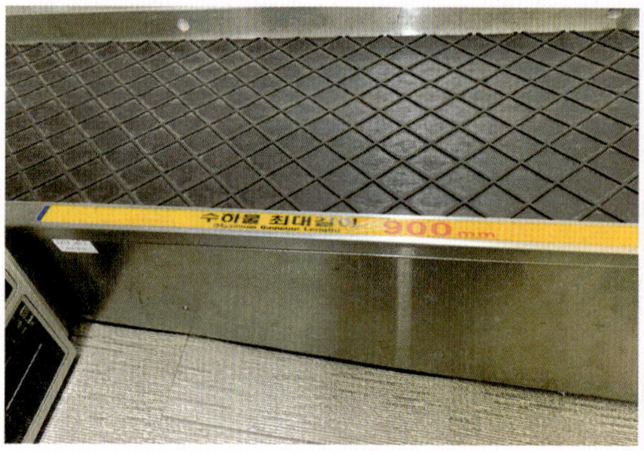

2) 꼬리표(Tag) 부착

- 바코드 인쇄 상태 확인: 바코드 인쇄 상태를 수시로 점검한다.
- 이전 Tag 반드시 제거: 수하물에 붙어 있는 이전 Tag로 인해 수하물이 오분류될 수 있으므로 반드시 제거한 후 투입한다.

3) 바퀴는 위로 향하게

- 바퀴가 달린 수하물은 이송 과정에서 수하물이 구르거나 미끄러지지 않게 하기 위해 바퀴가 위를 향하도록 수하물을 눕혀서 길이 방향으로 투입한다.

4) 가방끈은 분리하거나 고정

- 끈이 있는 수하물은 설비 사이에 끼어 파손되거나 설비 장애를 유발할 수 있으므로 끈을 분리하거나 테이프로 고정한 뒤 터브에 담아 투입한다.
- 수하물의 끈이 설비에 걸려 장애를 유발할 수 있다.

5) 수하물 간격 유지

- 수하물이 붙어서 이동하는 경우 하나의 수하물로 인식되거나 규격 초과로 인해 장애를 일으킬 수 있으므로 수하물 간에 최소 간격(300mm)을 유지한다.

6) 마지막 수하물 투입 확인

- 체크인 카운터를 마감하기 전에 마지막 수하물이 셔터를 지나 수하물 처리 설비로 투입되었는지 여부를 확인한다.
- 마지막 수하물이 셔터 안으로 진입하기 전에 카운터 마감 시 컨베이어에 수하물이 잔류하여 지각이 발생할 수 있는지 확인한다.

CASE STUDY 1

⊙ 다음 상황에 맞게 본인이 탑승 수속 직원이라고 가정하고 해결 방안을 작성해 보자. 그 후 짝꿍과 함께 Role-play를 진행하기 위해 대본을 작성해 보자.

❖ Oversized 수하물을 가지고 온 경우

Key Point

- 탑승 수속 시, 공항 지상직 직원은 안전 규정에 따라 한 가방에 담긴 품목의 무게가 32kg을 초과할 수 없음을 승객에게 안내한다. 이는 항공 운송의 안전과 효율성을 유지하기 위한 조치로 이해되어야 한다.
- 일부 국가에서는 수하물 1개의 무게가 32kg/70lb 이상, 크기가 158cm/62in(가로, 세로, 높이 세 변의 합) 이상인 경우에는 초과 수하물 요금 지불과 관계없이 안전상의 이유로 운송이 제한될 수 있다. 지상직 직원은 적절한 안내와 함께 수하물을 적어도 2~3개의 가방으로 나누어 보낼 수 있도록 조치해야 한다.

SECTION 11 유소아 무료 위탁 수하물 허용량

유소아 수하물 규정

구분	내용
소아	성인과 동일 + 접이식 유모차 1개 + 카시트(또는 요람) 1개
유아	10kg(22ib) 이하이며 세 변의 합이 115cm(45in) 이내인 수하물 1개 + 접이식 유모차 1개 + 카시트(또는 요람) 1개

소아: 만 2세 이상~12세 미만 FBA

유아: 만 2세 미만 FBA

CASE STUDY 1

⊙ 다음 상황에 맞게 본인이 탑승 수속 직원이라고 가정하고 해결 방안을 작성해 보자. 그 후 짝꿍과 함께 Role-play를 진행하기 위해 대본을 작성해 보자.

❖ 유모차를 위탁하는 경우

Key Point

- 유모차 무료 운송 서비스는 항공사마다 규정이 상이하다. K 항공사의 경우, 가로/세로/높이 세 변의 합이 115cm 이하이고 일자형으로 완전하게 접히는 휴대용 유모차는 기내 반입이 가능하다. 만일 승객이 유모차를 위탁하고자 한다면 유모차 분리 여부, 위탁 및 수령 장소 등을 승객에게 문의하여 탑승 수속 카운터 또는 게이트에서 위탁하도록 한다.
- 기내에 탑승하기 직전에 탑승교에서 지상직 직원에게 맡기면 유모차 비닐을 씌워 도착지 공항까지 안전하게 옮겨 주기 때문에, 승객에게도 이 부분을 사전에 설명하여 혼선을 줄이도록 한다.

CASE STUDY 2

⊙ 다음 상황에 맞게 본인이 탑승 수속 직원이라고 가정하고 해결 방안을 작성해 보자. 그 후 짝꿍과 함께 Role-play를 진행하기 위해 대본을 작성해 보자.

❖ 유아 이유식, 음료(100ml 이상)를 기내에서 소지하고자 하는 경우

Key Point

- 대부분의 항공사는 유아에게 필요한 이유식을 항공기 안에서 소지할 수 있도록 허용한다. 항공기 안에서 음료를 소지하려면 일반적으로 100ml 이상의 용기에 담긴 액체는 보안 검색대에서 분리하여 제시해야 한다. 유아의 음료 역시 일반적인 운송 규정에 따라 100ml 이상의 용기에 담긴 경우 보안 검색대에서 따로 제시되어야 하므로, 보안 규정에 따라 추가적인 검색이나 절차가 필요할 수 있음을 안내한다.

CASE STUDY 3

⊙ 다음 상황에 맞게 본인이 탑승 수속 직원이라고 가정하고 해결 방안을 작성해 보자. 그 후 짝꿍과 함께 Role-play를 진행하기 위해 대본을 작성해 보자.

❖ 등산용 스틱, 끈이 달린 수하물 등을 위탁하러 온 경우

Key Point

- 겉면이 랩이나 비닐 등으로 포장되었거나 둥근 형태, 규격 미만, 과적재, 끈이 달린 그리고 긴 형태의 수하물을 투입할 때 수하물 터브(Tub)를 사용하지 않아 수하물 이송 중 파손, 지각 또는 분실이 발생할 가능성이 있다.
- 승객에게 이 부분을 고지하고, 최대한 수하물을 포장하여 위탁할 수 있도록 안내한다. 만일 승객이 그 상태로 위탁하기를 원할 경우에는 분실 및 파손 위험을 고지하고 서약서를 받도록 한다.

⦿ 이 서류는 물품 운송 서약서이다. 앞서 언급한 Case Study 상황에 맞춰 작성한 Role-play 시나리오에 따라 탑승 수속 직원과 승객의 역할을 가정하고, 짝꿍과 함께 직접 작성해 보자.

물품 운송 서약서

Declaration of Indemnity - Item

승객성명 Passenger Name		연락처 Phone No.	
여권번호 Passport No.		운송구간 From/To	
탑승편명 Flight No.		탑승일자 Date	
물품종류 Type of Item			

확인 사항 Item Check List	
1. 탑승 수속에 대한 전반적인 안내를 받았다. Passenger is well informed of check-in procedure, e.g. check-in closing time.	□ 아니오 NO □ 예 YES
2. 물품은 견고하게 포장이 되어 있다. Goods are appropriately packaged.	□ 아니오 NO □ 예 YES

파손되기 쉬운 고가의 물품은 당사 규정상 기내 좌석을 구입하여 기내 반입 운송되어야 하나, 상기 본인은 상기 물품(상자)을 위탁 수하물 운송 조건으로 운송 중 발생될지 모르는 분실, 파손, 부분분실, 지연 또는 경비 등 일체의 손해에 대하여 ○○항공 또는 직원에게 책임을 묻지 않을 것을 서약합니다.

In principle, passengers carrying valuable articles which could be damaged if carried in the hold of the aircraft must purchase additional seat(s) in the cabin. So, I, the undersigned, being the owner of the above-mentioned valuable item(s), hereby declare and agree not to hold, ○○Air, their agents and employee liable for possible loss, damage, pilferage, or delay which may occur to the item(or packing case) sent by checked baggage during the above flight and after arrival at destination while in the custody of ○○Air, and further agree to indemnify ○○Air for any expenses which may be incurred in connection which the transportation of this item.

작성일 Date	직원서명 Employee's Signature	승객서명 Passenger's Signature

출처: 티웨이항공 홈페이지(https://www.twayair.com/) 내 양식 재구성

SECTION

12 반려동물

1) PETC(Pets in the Cabin)

참고

PETC는 항공기 내 동물을 동반하여 운송하는 서비스를 나타낸다. 이 서비스는 일반적으로 소형의 반려동물에 대한 것으로, 승객의 안전 및 편의를 고려하여 항공사가 정한 규정에 따라 운송된다.

PETC 서비스를 이용하려면 항공사의 규정과 정책을 확인하고, 예약 시에 필요한 절차와 요금 등을 파악하여 필요한 서류를 준비해야 한다.

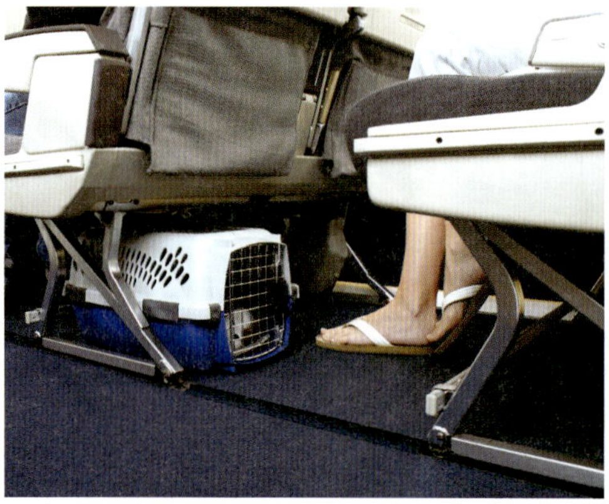

gchutka/E+/Getty Images

Jennifer McCallum/iStock/Getty Images Plus

2) AVIH(Animal Vivant in Hold)

참고

AVIH는 수하물로 위탁하여 전용 화물칸에 탑재 및 운송하는 서비스를 나타낸다. 이 서비스는 보통 중대형의 동물이나 특수한 종류의 동물을 운송할 때 사용된다.

AVITH 서비스는 항공사 규정과 국제동물보호단체인 IATA의 규칙을 준수해야 하며, 동물의 편안한 운송을 위해 적절한 케이지나 캐리어를 사용해야 한다.

참고

일반 사항

구분	내용
동물의 종류	• 개, 고양이, 애완용 새 • 견종의 경우, 아메리칸 핏불 테리어, 롯트와일러, 투견, 도베르만은 안전상의 이유로 여객의 수하물로는 운송이 불가능함
연령	• 생후 최소 8주 이상(위탁의 경우 16주 이상)
케이지	• 철, 목재, 견고한 플라스틱 재질의 용기여야 함 • 단, 기내 반입의 경우, 천이나 가죽 재질의 운반 용기도 가능함 • 국내선 구간에 한해 항공사가 제작해 판매하는 기내용 애완동물 상자 사용이 가능함 • 방수 바닥과 환기구, 잠금장치가 있어야 함 • 동물이 서거나 움직일 수 있을 만큼 충분히 커야 함 • 잠금장치가 잘 잠겨 있어야 하며, 비상 상황 시 바깥에서 열 수 있어야 함
기타	• 1마리의 애완동물은 1개의 용기에 넣어 운송함 • 단, 6개월 미만의 동종 2마리는 한 용기에 넣어 운송할 수 있음 • 건강 및 백신 접종과 관련된 서류 등 입출국/환승 시 관련 서류가 필요함

* 단두종 들창코, 눌린 코 등의 강아지나 고양이는 AVIH로 취급할 수 없다.

Chalabala/iStock/Getty Images Plus

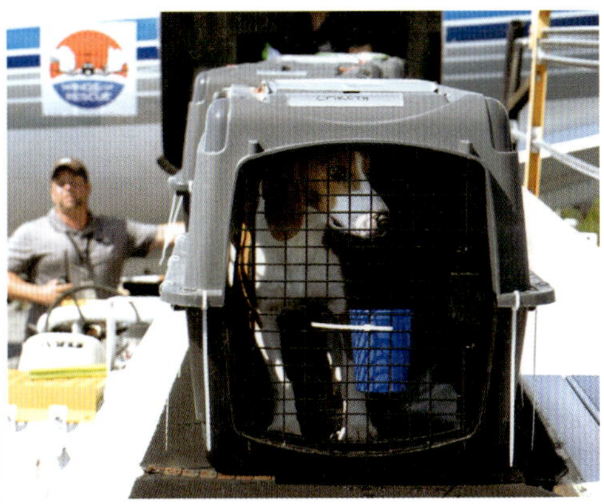

Gregory Rec/Portland Press Herald/Getty Images

CASE STUDY 1

⦿ 다음 상황에 맞게 본인이 탑승 수속 직원이라고 가정하고 해결 방안을 작성해 보자. 그 후 짝꿍과 함께 Role-play를 진행하기 위해 대본을 작성해 보자.

❖ 반려동물을 위탁하러 온 경우

Key Point

- 승객이 반려동물을 위탁하러 온 경우, 동물의 종류와 크기 등을 확인하고 해당 항공사의 반려동물 위탁 규정을 설명한다. 위탁서와 관련된 서류를 확인하고 필요한 경우 추가 안내를 하여 원활한 수속을 돕는다. 반려동물의 안전과 편안한 여행을 위해 적절한 케이지와 안전 조치를 확인하고, 출국/입국/환승 시 관련 내용을 승객에게 정확히 전달하도록 한다.

⊙ 이 서류는 반려동물 운송 서약서이다. 항공사마다 규정이 다를 수 있지만, 일반적으로 탑승 수속 카운터에서 총 2부(원본 1부, 사본 1부)를 작성하며, 원본은 승객이 소지하고 사본은 항공사에 제출한다. 앞서 언급한 Case Study 상황에 맞춰 작성한 Role-play 시나리오에 따라 탑승 수속 직원과 승객의 역할을 가정하고, 짝꿍과 함께 서약서를 직접 작성해 보자.

반려동물 운송 서약서
Declaration of Indemnity (Pet)

성명 Name		편명 Flight No.		일자 Date		구간 From–To	

확인 사항 Check List

1. 반려동물의 종류 Species	☐ 개 Dog ☐ 새 Bird ☐ 고양이 Cat
2. 검역 및 운송에 필요한 서류를 소지하고 있다. Passenger has the necessary documents for quarantine inspection and flight operation.	☐ 예 YES ☐ 아니오 NO
3. 탑승 수속에 대한 전반적인 안내를 받았다. Passenger is well informed of check-in procedure.	☐ 예 YES ☐ 아니오 NO
4. 생후 8주가 지났다. Pet is at least 8 weeks old.	☐ 예 YES ☐ 아니오 NO
5. 반려동물은 건강상태가 양호하며, 수태하지 않았고, 안정제를 투여받지 않은 상태이다. The pet is in good health, not pregnant, and not tranquilized.	☐ 예 YES ☐ 아니오 NO
6. 반려동물이 불안정하거나 공격적이지 않다. Pet is not offensive or doesn't exhibit aggressive behavior.	☐ 예 YES ☐ 아니오 NO
7. 운반 용기가 견고함은 물론 반려동물이 자유롭게 활동할 수 있는 충분한 공간이 확보되어 있다. Kennel is sturdy, leak-proof and has adequate ventilation. It is large enough to allow your pet to stand, lie down and turn around comfortably inside of the kennel.	☐ 예 YES ☐ 아니오 NO
8. 잠금장치가 잘 잠겨 있으며, 비상시에는 바깥에서 열 수 있다. Kennel is securely closed but not locked, allowing agent to open it in case of emergency.	☐ 예 YES ☐ 아니오 NO
9. 기내에서는 다른 승객의 편의를 위해 반드시 운반 용기에 넣어 지정된 장소에 보관하겠으며, 지정된 장소는 승무원의 안내를 따른다. During the flight, pet must be kept in its cage to ensure the comfort of all passengers, and stowed in a specific area designated by the cabin crew.	☐ 예 YES ☐ 아니오 NO

본인은 항공사의 고의 과실이 아닌 반려동물 운송 도중 발생할 수 있는 폐사, 상해 및 질병 또는 경비 등 일체의 손해에 대하여 귀사 또는 귀사 직원에게 책임을 묻지 않을 것을 서약합니다.

I, hereby undersigned, being the owner of the above mentioned pet, declare and agree not to hold liable ○○Air, their agent and employees for possible death, injury or illness of such animals, unless it is proved that the damage was caused by the willful misconduct or other wrongful act of ○○Air, which may occur to the pet during the above flight, and after arrival at destination while in the custody of ○○Air, and further agree to indemnity ○○Air for any expense which may be incurred in connection with the transportation of this pet.

작성일 Date	보호자 성명 Guardian Name	서명 Signature

출처: 에어프레미아 홈페이지(https://www.airpremia.com/kr/ko) 내 양식 재구성

SECTION 13 악기류: CBBG

휴대 수하물

- 바이올린과 같이 세 변의 합(가로+세로+높이)이 115cm(45in) 이하인 악기는 무료로 기내에 반입할 수 있다. (기내 선반 혹은 좌석 밑 보관이 가능해야 함)
- 더블베이스, 거문고, 첼로 등 세 변의 합이 115cm(45in)를 초과하는 악기는 별도로 좌석을 구매해야 하며, 서비스 센터를 통해 예약해야 한다.

위탁 수하물

- 악기류는 파손 가능성이 매우 크므로 기내 휴대 또는 별도 좌석 구매 후 운송을 권장하며, 화물 운송도 가능하다. 총 수하물(악기류+기타 위탁 수하물) 개수, 크기, 무게가 무료 허용량을 초과하는 경우에는 추가 요금이 적용된다.
- 세 변의 합(가로+세로+높이)이 203cm(80in), 32kg(70lb)을 초과할 경우 별도 좌석을 구매하여 기내로 반입하거나 화물 업체를 통해 운송해야 한다. Seatbelt, 묶음용 끈으로 고정할 수 있어야 하며, 수하물의 무게는 좌석당 75kg을 초과할 수 없다.
- 완충제가 내장된 악기 운송용 하드 케이스에 담아야 하며, 악기 상태를 점검한다. 공항 탑승 수속 카운터에서 '악기류 운송/면책 서약서'를 작성해야 한다. Fragile Tag과 Limited Release Tag을 사용하여 별도 운송한다.

CASE STUDY 1

⦿ 다음 상황에 맞게 본인이 탑승 수속 직원이라고 가정하고 해결 방안을 작성해 보자. 그 후 짝꿍과 함께 Role-play를 진행하기 위해 대본을 작성해 보자.

❖ 첼로를 기내 좌석 수하물로 가지고 가는 경우

Key Point

- 악기의 모양과 크기가 큰 첼로, 기타 등을 위탁하고 싶지 않은 경우 좌석을 구매하여 기내에 보관할 수 있다. 보통 악기를 가지고 항공 여행을 하고자 하는 승객은 사전에 추가 좌석을 구매해 온다. 지상직 직원은 탑승 수속 시, 악기가 완충제가 있는 튼튼한 하드 케이스에 보관되었는지, 크기와 무게가 규정에 일치하는지를 승객과 함께 재확인한다. 이후 승객에게 악기류 면책 서약서 작성을 요청하고, 일반 탑승권과 악기용 추가 좌석 탑승권을 함께 전달한다.

⦿ 이 서류는 악기 서약서이다. 앞서 언급한 Case Study 상황에 맞춰 작성한 Role-play 시나리오에 따라 탑승 수속 직원과 승객의 역할을 가정하고, 짝꿍과 함께 서약서를 직접 작성해 보자.

Declaration of Indemnity (Musical Instrument)

악기 서약서

To: ○○Air

Date ______________________
일자

Type of Instrument ______________________ Tag No ____________________
악기종류 수하물 번호

Flight No/Date __________________________ Transportation From ______ To ______
편명/일자 운송구간 부터 까지

Declared Value(Currency) __________________
신고가격(통화)

In principle, passengers carrying valuable articles such as musical instruments which could be damaged if carried in the hold of the aircraft must purchase additional seat(s) in the cabin. So I, the undersigned, being the owner of the above mentioned musical instrument, hereby declare and agree not to hold, ○○Air, their agents and employee liable for possible loss, damage, pilferage, or delay which may occur to the instrument(or packing case) sent by checked baggage during the above flight and after arrival at destination while in the custody of ○○Air, and futher agree to indemnify ○○Air for any expenses which may be incurred in connection with the transportation of this instrument.

파손되기 쉬운 고가의 악기는 당사 규정상 기내 좌석을 구입하여 기내 반입 운송되어야 하나, 하기 본인은 상기 악기(상자)를 위탁 수하물 운송 조건으로 운송 중 발생될지 모르는 분실, 파손, 부분분실, 지연 또는 경비 등 일체의 손해에 대하여 귀사 또는 귀사 직원에게 책임을 묻지 않을 것을 서약합니다.

Name/Signature ____
성명/서명

Address ____

출처: 진에어 홈페이지(https://www.jinair.com/) 내 양식 재구성

CASE STUDY 2

⊙ 다음 상황에 맞게 본인이 탑승 수속 직원이라고 가정하고 해결 방안을 작성해 보자. 그 후 짝꿍과 함께 Role-play를 진행하기 위해 대본을 작성해 보자.

❖ 초과 수하물 요금을 안내하자 승객이 화를 내는 경우

Key Point

- 초과 수하물은 여행지까지 거리가 동일해도 항공사, 출입국, 그리고 카운터와 게이트 중 어느 곳에서 수하물을 위탁하느냐에 따라 비용이 천차만별이다. 이에 따라 탑승 수속 카운터에서 발생하는 초과 수하물 요금은 많은 컴플레인 중 하나로 부각되고 있다. 지상직 직원은 이러한 상황에서 승객에게 친절하고 명확하게 초과 수하물의 요금 체계와 규정을 설명하도록 노력해야 한다.
- 또한 지상직 직원은 승객에게 최상의 대안을 제시하고, 요금을 최소화할 수 있는 방법을 설명하여 승객의 불편을 최소화하는 것이 중요하다. 이를 통해 승객이 좀 더 이해하고 수용할 수 있는 방향으로 커뮤니케이션을 진행하면 된다.

⊙ 다음의 두 가지 서류는 체크인 카운터 요금표와 발권 카운터에서 직원이 작성하는 서류이다. 앞서 언급한 Case Study 상황처럼, 승객의 수하물이 허용되는 한도를 초과할 경우, 초과 무게에 따른 요금을 계산하여 서류에 기재해야 한다. 요금표를 참고하여 승객의 상황에 맞는 정확한 요금을 확인하고, 이를 서류에 기록하는 과정을 실습해 보자.

체크인 카운터 요금

○○AIR

결제 카운터에서 현금 결제/계좌 이체

<table>
<tr><th colspan="3">종류</th><th>KRW</th><th>USD</th></tr>
<tr><td rowspan="2">좌석</td><td>A321
A320</td><td>비상구, 3~5열</td><td rowspan="2">15,000</td><td rowspan="2">11</td></tr>
<tr><td>A330</td><td>비상구(15HJK, 35ABC, 35HJK),
넓은(16DFG, 17ABC, 34DFG), 9~14열</td></tr>
<tr><td rowspan="22">위탁</td><td colspan="2">체크인 카운터에서 (1kg부터 20kg까지)</td><td>42,000</td><td>32</td></tr>
<tr><td rowspan="21">최초</td><th>초과</th><th>KRW</th><th>USD</th></tr>
<tr><td>1kg</td><td>18,000</td><td>14</td></tr>
<tr><td>2kg</td><td>36,000</td><td>28</td></tr>
<tr><td>3kg</td><td>54,000</td><td>41</td></tr>
<tr><td>4kg</td><td>72,000</td><td>55</td></tr>
<tr><td>5kg</td><td>90,000</td><td>69</td></tr>
<tr><td>6kg</td><td>108,000</td><td>82</td></tr>
<tr><td>7kg</td><td>126,000</td><td>96</td></tr>
<tr><td>8kg</td><td>144,000</td><td>110</td></tr>
<tr><td>9kg</td><td>162,000</td><td>123</td></tr>
<tr><td>10kg</td><td>180,000</td><td>137</td></tr>
<tr><td>11kg</td><td>198,000</td><td>150</td></tr>
<tr><td>12kg</td><td>216,000</td><td>164</td></tr>
<tr><td>13kg</td><td>234,000</td><td>178</td></tr>
<tr><td>14kg</td><td>252,000</td><td>191</td></tr>
<tr><td>15kg</td><td>270,000</td><td>205</td></tr>
<tr><td>16kg</td><td>288,000</td><td>219</td></tr>
<tr><td>17kg</td><td>306,000</td><td>232</td></tr>
<tr><td>18kg</td><td>324,000</td><td>246</td></tr>
<tr><td>19kg</td><td>342,000</td><td>260</td></tr>
<tr><td>20kg</td><td>360,000</td><td>273</td></tr>
</table>

<table>
<tr><td colspan="2">○○AIR</td><td colspan="2">Counter Charges</td><td>Iss01/Rev00
26 March 206
Serial No.:</td></tr>
<tr><td colspan="2">Passenger name:</td><td colspan="2">PNR:</td><td>FLT:</td></tr>
<tr><td rowspan="3">1.</td><td colspan="4">Checked-baggage charges:</td></tr>
<tr><td colspan="4">Extra charges:</td></tr>
<tr><td colspan="2">Package: (kgs)</td><td colspan="2">Excess: (kgs)</td></tr>
<tr><td rowspan="2">2.</td><td colspan="4">Seat assignment:</td></tr>
<tr><td colspan="2">Seat:</td><td colspan="2">Charges:</td></tr>
<tr><td rowspan="3">3.</td><td colspan="2">Late show fee:</td><td colspan="2">domestic: □ intl: □</td></tr>
<tr><td colspan="2">Flight:</td><td colspan="2">Charges:</td></tr>
<tr><td>Counter closed:</td><td colspan="2">Show up:</td><td>Moved to:</td></tr>
<tr><td colspan="2">Check–in staff
ID:</td><td colspan="2">Counter in charge
ID:</td><td>Ticketing staff
ID:</td></tr>
<tr><td colspan="2"></td><td colspan="2"></td><td></td></tr>
</table>

CASE STUDY 3

⊙ 다음 상황에 맞게 본인이 탑승 수속 직원이라고 가정하고 해결 방안을 작성해 보자. 그 후 짝꿍과 함께 Role-play를 진행하기 위해 대본을 작성해 보자.

❖ PNR이 달라서 일행과 수하물 무게가 합산되지 않자 승객이 화를 내는 경우

Key Point

- PNR(Passenger Number Record) 예약번호가 일행과 서로 달라서 일행 간 수하물 무게가 합산되지 못하는 경우가 가끔 발생한다. 승객에게는 간단하게 PNR 차이에 대해 설명하고, 항공사 정책에 따라 수하물 무게를 합산할 수 있는지 확인한다.
- PNR이 각각 다른 경우에도 수하물 무게를 합산할 수 있는 대안으로, 일행 간 수하물을 분배하여 각자 개별적으로 처리하도록 안내할 수 있다. 필요하다면 적절한 도움을 제공하여 승객의 여행이 최대한 원활하도록 지원한다.

CASE STUDY 4

⊙ 다음 상황에 맞게 본인이 탑승 수속 직원이라고 가정하고 해결 방안을 작성해 보자. 그 후 짝꿍과 함께 Role-play를 진행하기 위해 대본을 작성해 보자.

❖ 유골함을 기내에서 소지하고자 하는 경우

Key Point

- 항공사 규정에 따라야 하지만, 유골함을 기내에 반입하고자 하는 승객의 경우, X-ray 검색으로 손상될 위험이 있는 유골과 유해 등은 증명 서류인 사망 확인서, 화장 증명서 등을 확인하고 보안 검색 요원에게 보여 주도록 안내한다.
- 승객이 탑승하기 전에, 해당 승객이 유골함을 가지고 탑승할 것이라고 항공편 객실 승무원에게 미리 안내하도록 한다.

CASE STUDY 5

⊙ 다음 상황에 맞게 본인이 탑승 수속 직원이라고 가정하고 해결 방안을 작성해 보자. 그 후 짝꿍과 함께 Role-play를 진행하기 위해 대본을 작성해 보자.

❖ 스포츠 수하물 비용에 대해 컴플레인하는 경우

Key Point

- 스포츠 물품은 기내 반입이 불가능하여 항공사들은 자전거, 서핑보드, 골프클럽, 다이빙 장비, 사이클링, 하키 장비, 행글라이더 등과 같은 스포츠 용품에 대한 위탁 수하물 규정을 별도로 지정하고 있다.
- 승객들은 일반 수하물보다 고가인 스포츠 수하물로 인해 발생하는 비용에 대한 불만이 자주 발생한다. 이에 스포츠 수하물의 규정을 자세히 설명하고, 최대한 파손 없이 안전하게 운송되도록 노력하며, 공항과 항공사에서 제공할 수 있는 지원 서비스를 최대한 강조하여 승객에게 최적의 방안을 안내한다.

CASE STUDY 6

⦿ 다음 상황에 맞게 본인이 탑승 수속 직원이라고 가정하고 해결 방안을 작성해 보자. 그 후 짝꿍과 함께 Role-play를 진행하기 위해 대본을 작성해 보자.

❖ 기내 수하물이 항공사 규정을 초과하는 경우

Key Point

- 승객에게 항공사의 수하물 규정을 안내하고, 초과 수하물에 대한 추가 요금이 발생할 수 있음을 설명한다. 초과 수하물에 대한 다른 옵션으로 미리 온라인에서 추가 수하물을 예약하거나, 공항에서 추가 요금을 지불하고 위탁하는 방법을 안내한다.
- 항공기 내에 반입 가능한 수하물의 크기와 항공사의 규정, 여행 중 안전과 관련된 중요한 부분을 상세하게 설명하여 승객을 설득시키는 것이 중요하다.

CASE STUDY 7

⊙ 다음 상황에 맞게 본인이 탑승 수속 직원이라고 가정하고 해결 방안을 작성해 보자. 그 후 짝꿍과 함께 Role-play를 진행하기 위해 대본을 작성해 보자.

❖ 위탁 수하물에 추가 검사가 필요한 상황에서 승객이 자리에 없는 경우

Key Point

- 제1 여객 터미널을 이용하는 승객은 탑승 수속을 마친 후, 승객이 위탁한 가방이 X-ray 검사를 마칠 때까지 5분 정도 주변에서 기다려야 하며, 제2 여객 터미널의 경우에는 승객이 위탁한 가방이 X-ray 검사를 위해 출국장의 개장 검색 지역으로 이동해야 한다.
- 만일 승객이 위탁한 수하물에 추가 X-ray 검사를 해야 할 경우에, 승객의 동의 없이 지상직 직원과 수하물 검사실 직원이 함부로 수하물을 개장할 수 없다는 점을 유의해야 한다.

SECTION 14 탑승 수속 카운터 운영시간

탑승 수속 카운터 이용 안내

대한항공	아시아나항공	외국 항공사
오전 5시 30분 업무 개시	오전 5시 40분 업무 개시	항공기 출발 2~3시간 전 업무 개시
일등석/프레스티지석 (제2 여객 터미널 A 체크인 카운터) 모닝캄 (제2 여객 터미널 B 체크인 카운터) 일반석/웹/모바일 (제2 여객 터미널 C 체크인 카운터)	제1 여객 터미널 A, B, C 체크인 카운터	–

참고

탑승 수속 카운터 마감시간

공항 내 혼잡 상황을 고려하여 국제선은 출발 3시간 전, 국내선은 출발 2시간 전까지 공항에 도착해야 한다. 국제선은 항공기 출발 1시간 전, 국내선은 항공기 출발 45분 전에 탑승 수속이 마감된다. 국제선 탑승 시 승객이 여행하고자 하는 국가의 입국 또는 출국에 필요한 여행 서류를 갖추지 못한 경우, 탑승 수속이 불가할 수 있다.

운항 정보 안내 모니터(FIDS)

이용 노선	탑승 수속 카운터 마감시간
국제선	출발 60분 전
국내선	출발 45분 전

항공사 항공편 안내 모니터(FIA)

CASE STUDY 1

⊙ 다음 상황에 맞게 본인이 탑승 수속 직원이라고 가정하고 해결 방안을 작성해 보자. 그 후 짝궁과 함께 Role-play를 진행하기 위해 대본을 작성해 보자.

❖ 탑승 수속 카운터 마감시간이 지난 후에 Show-up한 경우

Key Point

- 일반적으로 탑승 수속 카운터 마감시간 이후에는 추가 수속이 불가하다. 승객이 마감시간 이후에 탑승 수속 카운터에 Show-up한 경우, 항공사는 항공사 규정에 따라 다음 항공편으로 변경하는 등의 대안을 제공할 수 있다. 이때 다음 항공편으로 변경이 가능한 항공권인지, 추가 요금이 발생하는지 등을 확인하여 자세한 대안을 제시할 수 있다.
- 특별한 상황이나 예외적인 경우에 따라 항공사가 유연한 조치를 취할 수도 있으나 이는 항공사 정책에 따라 다를 수 있으며, 일반적으로 엄격한 규정이 적용된다는 것을 인지해야 한다.

CASE STUDY 2

⊙ 다음 상황에 맞게 본인이 탑승 수속 직원이라고 가정하고 해결 방안을 작성해 보자. 그 후 짝꿍과 함께 Role-play를 진행하기 위해 대본을 작성해 보자.

❖ 카운터 마감시간이 지났는데 CIQ를 통과하지 않은 승객을 발견한 경우

Key Point

- 승객이 마감시간이 지났음에도 CIQ 통과를 마치지 못했다면, 지체 없이 즉각 대응이 필요하다. 승객이 CIQ 통과를 완료하지 못한 원인을 파악하고, 지연된 항공편, 비정상적인 출국 및 세관 절차, 여권 문제 등 여러 가능성을 고려하여 상황을 이해하고, 가능한 대안(다른 항공편으로 변경 등)을 제시한다. 만일 CIQ 관련 문제라면, 출국장 보안 심사 관련 직원에게 상황을 설명하고 지원을 받아 승객이 최대한 빠르게 통과할 수 있도록 조치한다.

CASE STUDY 3

⊙ 다음 상황에 맞게 본인이 탑승 수속 직원이라고 가정하고 해결 방안을 작성해 보자. 그 후 짝꿍과 함께 Role-play를 진행하기 위해 대본을 작성해 보자.

❖ 공항에 배웅을 나온 가족이나 일행이 탑승 여부를 묻는 경우

Key Point

- 공항에서 마중 및 배웅을 나온 승객의 대리인인 가족 또는 일행이 승객의 항공편 예약, 기타 서비스, 탑승 여부 등 개인정보를 요청하는 경우가 많다. 우선적으로 승객 본인의 신분과 목적을 확인하고 개인정보 보호정책에 따라 승객의 탑승 여부를 알려 줄 수 없다고 친절하고 프로페셔널하게 응대한다. 탑승 여부와 같은 개인정보를 제공해야 할 경우, 반드시 승객의 동의를 얻어야 하며, 배웅 또는 마중 나온 가족이나 일행이 승객의 예약번호, 성명 또는 기타 인증 가능한 정보를 활용하여 직접 확인할 수 있도록 절차를 안내한다.
- 만일 개인정보 제공이 필요하다고 판단하는 경우, 승객의 개인정보(성명, 전화번호, 주소, 신용카드 번호 등)를 항공사에 제공해야 하며, 출발지, 경유지 또는 목적지 국가의 법령, 규정, 명령, 요구에 의해 요청받는 경우 해당 단체나 국가기관에 제공할 수 있다.

ROLE-PLAY

각 Case Study 상황에 맞는 페르소나 승객을 구성하여, 해당 승객의 성격, 요구사항, 특성을 반영한 역할극(Role-play)을 진행해 보자. 이를 통해 다양한 상황에 대처할 수 있는 능력을 기르고, 지상직 직원으로서의 전문성을 더욱 향상시킬 수 있다.

Case 1

		이름	
		국적(3CODE)	
		성별	
		Airline	
		FLT No.	
		Class	
		Departure	
해외 여행 경험		Destination	
여행 목적		PAX S/U	
여행 기간		STD/STA	
동반인		ETD/ETA	
특이사항			
여행지 국가 출입국 규정			

SITUATION

Case 2

		이름	
		국적(3CODE)	
		성별	
		Airline	
		FLT No.	
		Class	
		Departure	
해외 여행 경험		Destination	
여행 목적		PAX S/U	
여행 기간		STD/STA	
동반인		ETD/ETA	
특이사항			
여행지 국가 출입국 규정			

SITUATION

Case 3

		이름	
		국적(3CODE)	
		성별	
		Airline	
		FLT No.	
		Class	
		Departure	
해외 여행 경험		Destination	
여행 목적		PAX S/U	
여행 기간		STD/STA	
동반인		ETD/ETA	
특이사항			
여행지 국가 출입국 규정			

SITUATION

Case 4

		이름	
		국적(3CODE)	
		성별	
		Airline	
		FLT No.	
		Class	
		Departure	
해외 여행 경험		Destination	
여행 목적		PAX S/U	
여행 기간		STD/STA	
동반인		ETD/ETA	
특이사항			
여행지 국가 출입국 규정			

SITUATION

CHAPTER 03

탑승 게이트

탑승 게이트는 승객과 항공기가 직접 연결되는 중요한 단계로, 공항 운영에서의 시간 관리와 고객 응대의 정교함이 요구되는 핵심 구간이다. 제3장에서는 탑승 게이트에서 수행되는 다양한 업무와 이와 관련된 상황 대처 방법을 다룬다. 특히 탑승 수속에서 발생할 수 있는 미비 사항을 최종적으로 점검하고 보완하는 역할을 맡고 있는 만큼, 모든 절차가 철저하게 진행되도록 하기 위한 기술적이고 체계적인 접근이 필요하다.

탑승 게이트는 승객의 탑승 절차뿐만 아니라 추가적인 보안 확인 및 지연 대응 같은 변수에도 즉각적으로 반응해야 하는 곳이다. 이와 동시에 운항 승무원, 객실 승무원, 탑승교(Passenger Boarding Bridge, PBB) 직원, 정비사 및 램프 직원 등 여러 부서와의 협업은 지상 직무에서 가장 중요한 요소로 손꼽힌다. 원활한 의사소통, 배려와 협력을 통해 각 부서가 역할을 충실히 수행하고, 승객이 불편 없이 비행기에 탑승할 수 있도록 하는 것이 탑승 게이트 업무의 본질적인 목표이다.

또한 제3장에서는 이러한 여러 부서 간의 커뮤니케이션과 협력을 효율적으로 관리하는 방법을 강조하고자 한다. 탑승 게이트에서의 업무는 승객의 최종 목적지인 비행기에 원활하게 탑승하게 하여, 전반적인 공항 운영의 흐름에 혼란을 초래하지 않도록 하는 중요한 과업을 포함한다. 빠르게 변동하는 상황에 적절하게 대응할 수 있는 유연성, 그리고 모든 절차를 효율적으로 실행하는 능력은 탑승 게이트에서 성공적으로 업무를 완수하는 데 필수이다.

SECTION 01 탑승 게이트 절차

1) 탑승 게이트 직무 분장

- 탑승 게이트에서는 주로 3~4명의 직원이 함께 업무를 하게 된다.
- CNTRL(Control): 탑승 게이트의 주요 업무를 담당한다. 탑승 과정을 전반적으로 관리하고 핸들링하는 직무이다.
- BGR(Boarding Gate Reader): 탑승권 인식 기계 앞에 서서 승객의 탑승권을 확인하고 탑승 절차를 진행한다.
- DOCU(Document): 기내에 필요한 서류를 출력하고, 승객의 여권을 검사 및 확인하는 업무를 수행한다.
- LD(Load Director): 항공기의 적절한 무게 중심(Weight & Balance, W/B)을 계산하고 관리하여 안전한 비행을 돕는 역할이다.

직무	업무 내용
CNTRL (Control)	• I/B 항공기 도착시간(Estimated Time of Departure) 수시로 확인 • 각 항공편에 맞는 물품 Pouch 준비 • 항공편 내 특이사항 확인 • Gate Open • STD(Scheduled Time of Departure) 1시간 전, 게이트 Manning • 시스템 Open • 안내 스크린 FIA(Flight Information Assistance) 활성화 • Gate Filtering 작업 수행 • BGR 및 DOCU 담당자에게 특이사항 전달 • 기내 서류 탑재 확인 • 유모차와 휠체어 여부 확인 • 마지막 승객 탑승 완료까지 최종 확인 • 탑승권 개수 정확히 파악 • 미탑승 승객 발생 시 Off-load 여부 확인 • 시스템 마감
BGR (Boarding Gate Reader)	• CNTRL을 통해 전달받은 특이사항을 확인 • 탑승 시 편명, 구간, 날짜 등 확인 • 탑승권 절취 시 승객에게 탑승 인사 • Gate Comment 확인 • 탑승이 거의 완료된 상황에서 미탑승에 대한 안내 방송(Paging)

DOCU (Document)	• Sub-desk 내 프린터 테스트 • 객실 사무장에게 S.H.R 서류 전달 • 승객 여권 검사 및 확인 • 탑승 수속 카운터 최종 마감 후 서류 출력 • 기내 서류 탑재
LD (Load Director)	• 탑승 수속 개시 전 승객 수, 위탁 수하물, 화물량을 예상하여 Load Plan 작성 • 탑승 수속 진행 상황 모니터링 • 탑승 수속 마감 후, 정확한 정보를 바탕으로 Load Sheet 작성, 적재 계획 수립 • 항공 운송을 위한 안전 점검 수행 및 서명 • 기장에게 관련 서류 최종 서명 받기

2) I/B(In-bound) 항공기 핸들링

항공기 입항 전

항공기가 입항하기 전에 다음 전문을 확인한다.

■ LDM(Loadable Distribute Message)

LDM은 항공사에서 화물과 승객의 탑재 정보를 관리하는 중요한 메시지로, 항공기가 출항한 직후 각 탑재물과 승객이 정확히 탑재되었는지 확인하고 관련 정보를 시스템에 반영하는 데 필수적이다. 이 메시지는 화물이 어떤 위치에 얼마만큼 탑재되었는지에 대한 정보를 목적지 공항에 전달하는 탑재 메시지이다.

또한 항공기의 기본 정보인 항공기 고유 편명, 항공기 등록번호, 출발지 및 목적지, 승무원 수(기장 및 객실 승무원 수 각각), 승객 수(성인, 소아, 유아 각각)와 중량 정보(Compartment별 탑재물의 중량, 연료량 등)도 포함된다.

아울러 LDM에는 탑재된 화물의 총 수량 및 중량, Compartment별 탑재물의 수량과 중량, 수하물 및 화물 구분, 그리고 기타 서비스 관련 정보(CIP/VIP, Priority Tag이 부착된 가방, 유모차, 휠체어 탑재 관련 정보 등)도 포함된다.

LDM을 통해 각 부서에서 탑재 정보를 정확히 공유함으로써, 화물 처리, 게이트 업무, 항공기 입출항 신고 관련 EDI(Electronic Data Interchange) 업무 등이 원활하게 이루어지며, 운영과 관리의 신속성과 효율성이 향상된다.

탑승 게이트 직원은 I/B 항공기 도착 전에 출발지 공항에서 전달된 LDM을 시스템에서 반드시 확인한 후 업무에 임해야 한다.

■ PTM(Passenger Transfer Message)

PTM은 해당 항공편 이후(24시간 이내)에 연결 항공편이 있어 Transfer해야 하는 탑승객의 이후 스케줄을 제공하는 메시지이다. 이 메시지는 경유하는 승객의 탑승 수속과 관련된 서비스 처리를 위한 중요 정보를 포함하며, 주로 항공사와 공항 간의 승객 이동 정보를 관리하는 데 사용된다. 메시지 내용에 경유 중 승객이 다시 탑승할 항공편과 목적지 정보 등이 포함되어 승객의 경유 여정 관리에서 중요한 역할을 하며, 환승 승객의 서비스와 편의를 확보하기 위해 반드시 활용되는 메시지이다.

■ PSM(Passenger Service Message)

PSM은 승객 서비스를 위한 메시지로, 승객과 관련된 서비스 사항을 관리하고 처리하는 데 사용된다. 예를 들어 I/B 항공편 승객의 특별 요청사항(예, 휠체어, 유모차 G TO G(Gate to Gate) 서비스, CIP/VIP를 위한 MAAS(Meeting and Assist) 등)을 전달하거나 승객의 서비스 수정사항을 공유할 때 사용된다. PSM은 승객이 항공기를 이용하면서 필요한 모든 정보를 실시간으로 승무원 및 지상직 직원에게 전달하는 데 중요한 역할을 한다.

■ MVT(Aircraft Movement Message)

MVT는 항공기의 운항, 위치 변경 등 이동 상태를 추적하고 관리하는 데 사용되는 실시간 데이터 메시지이다. 이 메시지는 항공기의 지상 이동과 공중 이동에 관한 다양한 정보를 제공하며, 항공 운항의 흐름을 원활히 관리할 수 있도록 도와준다. MVT 내용에는 Push Back, Taxiing, Take-off, Delay(Number, Reason and Time), Flight Status, Location Tracking 등이 포함된다.

■ 특이사항 확인하기

- PSM 전문을 확인하여 직원의 도움이 필요한 승객 서비스(예, 한사랑 서비스, 한가족 서비스 등)가 필요한 승객이 있는 경우, 사전에 관련 부서에 연락한다.
- 서비스 요청사항, 게이트 번호, ETA(Estimated Time of Arrival)를 부서에 알린다.

☞ 예시: "○○항공사 ○○961편의 I/B에 휠체어 승객이 한 분 계십니다. 기내 휠체어도 필요하시며, ○○항공사 ○○876편으로 환승 예정입니다. 현재 I/B 탑승 게이트는 124번이며, 항공기 도착 예정 시간은 6시 50분입니다."

- 해당 부서에서는 CIP/VIP, INAD, DEPO 등 승객 핸들링을 하지 않으므로, 해당 승객 관련 정보가 PSM에 포함된 경우, 항공사 직원에게 연락하여 핸들링 여부를 확인한다.

■ CIQ 확인하기

- CIQ(Customs, Immigration, Quarantine) 포털 사이트에서 I/B 승객의 APIS(Advance Passenger Information System) 정보를 확인한다.

  – 항공사마다 CIQ 포털 ID 및 Password가 다르므로, 사전에 확인 후 접속한다.

- 승객 및 승무원 명부에 이상이 있는 경우, EDI(Electronic Data Interchange) 부서에 연락하여 수정하도록 요청하거나 직접 수정해야 한다.

■ T/S(Transfer) Information

- 공항에 도착한 후, 다른 항공편으로 환승하는 승객을 위한 안내문을 제작한다.
- 일부 항공사는 별도의 안내문을 제작하지 않지만, 환승 연결 시간은 반드시 확인해야 한다.
- 환승 안내문은 A3 용지로 출력하여 I/B 승객이 하기할 때 잘 보이는 곳에 부착한다.
- 지상직 직원은 항공기 ETA(Estimated Time of Arrival)와 항공편의 주요 사항을 미리 파악하고, 탑승에 필요한 기내 인계품 및 Pouch(배너, 워키토키, 항공권 바구니, 저울, 2 Copy 용지, Boarding Pass, Bag Tag 등), 게이트 업무 일지와 항공 사용 서식 및 관련 서류 등을 준비하여 지정된 시간에 탑승 게이트에 위치해야 한다.

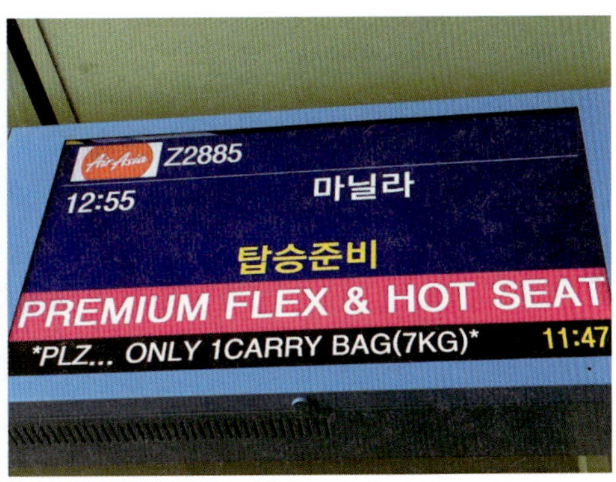

– 국제선의 경우, 항공기 출발시간의 평균 1시간 전까지 해당 게이트에 위치
– 국내선의 경우, 항공기 출발시간의 평균 25분 전까지 해당 게이트에 위치

항공기 착륙

- Landing: 항공기가 착륙하여 지상에 도달하는 단계
- Taxiing(Taxi–in): 항공기가 활주로에서 유도로로 이동하는 지상 활주 단계
- Block–in: 항공기가 주기장에 도착하여 완전히 정지하는 순간
- Door Open: 승객 하기를 위해 항공기의 문을 여는 과정

Door Open

- 지상직 직원이 항공기의 Door를 오픈할 때는 항공기의 Door와 Observation Small Window를 통해 객실 승무원과 상호 수신호를 주고받는다. 이때 수신호는 엄지손가락을 세우는 동작으로 이루어진다.
- 또한 객실 승무원이 항공기 내부에서 Door를 개방할 때는 승무원의 수신호를 받은 후 진행해야 한다. 승무원이 수신호를 전달한 후, 지상직 직원은 Door 작동 반경을 벗어난 안전거리로 이동해야 하며, 이를 통해 항공기 내 · 외부의 안전을 확보하고 원활한 작업이 이루어질 수 있도록 한다.

☞ 항공사마다 Door Open 규정이 상이하므로, 규정을 철저히 숙지하고 준수해야 한다. 일부 항공사에서는 객실 승무원이 항공기 내부에서 문을 여는 반면, 어떤 항공사에서는 지상직 직원이 문을 여는 경우가 있다. 따라서 각 항공사에 맞춘 절차에 따라 안전하고 원활한 승객 탑승 및 하기를 관리해야 하며, 이 과정에서 탑승 및 하기 절차의 차이를 인지하고 관련 업무를 정확히 수행하는 것이 중요하다.

I/B 승객과 승무원 핸들링

- Door Open 후, 객실 사무장으로부터 I/B 기내 서류를 전달받아, O/B가 끝난 후 사무실에 보관하거나 항공사 매니저에게 전달한다.
- 승객이 모두 하기했는지 확인한 후, Gate Door를 닫는다.
- 승객이 기내에 놓고 내린 분실물(Left Behind, L/B)이 있다면, 객실 승무원이나 클리닝 직원으로부터 전달받아 보관한다.
- 유모차, 휠체어 등 G to G 서비스를 이용한 승객이 게이트 앞에서 해당 물품을 Pick-up하지 않았을 경우, 지상 조업 FM(Field Manager) 감독에게 요청하여 I/B 수하물 Belt로 투입 처리하도록 한다.

  - 이때 지상직 직원은 해당 물품을 1층으로 이동시킨다.
  - 또한 유모차와 휠체어가 지상 조업사에 의해 정상적으로 수거되었는지 반드시 확인해야 한다.

- I/B(In-bound) 승무원과 O/B(Out-bound) 승무원이 동일한지, I/B GD와 O/B GD의 승무원 정보가 일치하는지 확인한다.
- 간혹 I/B와 O/B GD상에 승무원 정보, 항공기 고유번호 등의 정보가 잘못 기재되는 경우가 있으므로 꼼꼼히 확인해야 한다.
- 만일 I/B 승무원과 O/B 승무원이 다를 경우, I/B 승무원은 하기하게 된다.

  - 이때 I/B 승무원들이 하기 후, 2층 Gate Door를 통해 나가는 것을 확인한 후 Door를 닫으며 I/B 업무를 마무리한다.
  - 공항 보안과 관련된 사항이므로, Door를 개방한 채 자리 이석은 금지된다.

I/B 정리 및 O/B 항공편을 위한 준비

항공기의 안전 및 효율적인 운영을 위해서는 다양한 지상 조업 부서와의 협업이 필수적이며, 이 절차는 매우 중요하다.

우선, 항공기 기내 청소 점검을 통해 항공기 내외부를 청결하게 유지한다. 또한 I/B 위탁 수하물과 화물의 하기와 O/B 위탁 수하물과 화물의 탑재 관리(Load Control), 무게 및 균형 조정(Weight & Balance) 업무를 수행하며, 이 과정을 감독한다.

또한 객실 사무장에게 확인한 후, 기내 식수(Portable Water) 탑재 및 화장실 오물(Lavatory Waste) 처리 여부를 확인한 후 해당 부서에 요청하며, 기내식 및 기내 면세 선적을 완료한 후 이를 감독한다.

3) O/B(Out-bound) 항공기 핸들링

탑승 시작 전

- 탑승이 시작되기 전에 국제선은 탑승 시작 20분 전까지, 국내선은 10분 전까지 다음 사항을 확인해야 한다.

  - 비행편의 예약 상태
  - CIP/VIP
  - 휠체어 승객 등 여부
  - Gate Comment
  - 각종 장비와 안내판 준비 상태
  - 가이드라인 봉(Tensa Barrier) 설치
  - 카운터 안내 시스템(Flight Information Assistance, FIA) 개시
  - 유모차와 휠체어 여부 등 조업사에게 안내할 사항

- O/B 승무원들이 게이트에 도착하면 GD 확인 절차를 거쳐 해당 승무원들이 기내로 입장할 수 있도록 안내한다.
- 2층 기내에서 대기 중인 지상직 직원 또는 탑재 관리 담당 직원(Load Director, LD)은 해당 항공편의 비행 계획(Flight Plan)과 기상 정보(Weather, W/X) 등 관련 서류를 기장에게 전달한다.
- 기장은 서류 검토 후 지상직 직원에게 연료 공급을 요청하며, 지상직 직원은 기장

과 서류 확인 후 급유 시설에 연락하여 급유차 도착 및 연료 주입 과정을 감독한다.

- LD는 탑승 수속 전에 예상 승객 수, 위탁 수하물 및 화물량을 바탕으로 Load Plan을 수립하고, 수속 진행 상황을 모니터링한다. 수속 마감 후 최종 정보를 확인하여 로드 시트를 작성하고 기장에게 전달한다. 이외에도 정비사 및 기장의 항공기 내외부 점검을 감독한다.
- 3층 탑승 수속 게이트 앞에서 근무하는 지상직 직원들은 승객들의 문의에 답하고, 탑승 전에 노약자, 유소아 동반 승객, Oversized & Gate Bag의 유무 등을 확인한다. 이를 위해 게이트 주변을 꼼꼼히 살펴본다.

Gate Filtering 및 Gate Bag Handling

- Gate Filtering과 Gate Bag Handling은 승객의 탑승과 관련된 절차를 간소화하고, 비행의 안전과 편의를 보장하기 위해 중요한 역할을 한다.
- 탑승 수속 카운터에서 준비한 서류 또는 물품을 승객에게 전달하거나, Gate Comment 정보를 게이트로 옮길 필요가 있는 경우 이를 사전에 확인하고 처리한다. 이러한 사전 조치를 통해 불필요한 대기시간을 최소화하고, 승객의 탑승 경험을 더욱 원활하게 한다.
- 탑승 전, 승객의 휴대 수하물이 항공사의 규정을 초과하지 않도록 사전에 점검한다. 특히 면세품을 포함하여 허용량을 넘어 반입된 수하물이 없도록 관리하는 것이 중요하다.

- 기내 준비 상황을 지속적으로 점검하고, 기장 및 객실 사무장과 협의하여 적절한 탑승 예정 시각과 탑승 Sign을 결정한다.

  – 특별한 승객(CIP, VIP, WCHR 등)의 우선 탑승을 진행한다.

- Supervisor는 협동운항관리시스템(Airport Collaborative Decision Making, A–CDM)을 통해 관제기관, 공항 운영자, 항공사, 지상 조업사 등 협업 기관과 항공기의 도착, 지상 조업, 출발 과정에서 발생하는 시간 정보를 실시간으로 업데이트하고 공유한다.

BGR(Boarding Gate Reader) 시작 및 탑승

여권과 항공권의 항공 편명/구간/날짜를 확인하고, 탑승권 절취 후 승객에게 탑승 인사를 한다.

탑승 승객 안내 방송(Paging) 및 LMC(Last Minute Change) 준비

대부분의 승객이 탑승한 이후에도 남은 승객이 있을 때 게이트 주변에서 방송(Paging)을 실시한다. 미탑승 승객이 있으면 기내를 점검하고, 해당 승객의 위탁 수하물을 확보하며 관련 업무를 처리한다.

기내 서류 탑재 및 Load Sheet 사인

Document 담당 직원은 기내에 다음 서류가 탑재되었는지 확인하고 Load Sheet는 기장의 사인을 받는다.

- GD(General Declaration): 승무원 명단
- PM(Passenger Manifest): 탑승객 명단
- BAG(Baggage Manifest): 위탁 수하물 명단
- CM(Cargo Manifest): 화물 적재 목록

- PSM(Passenger Service Manifest), S.H.R(Special Handling Request): 특별 승객(예, CIP/VIP, WCHR 등) 요구사항 서류
- NOTOC(Notification to Captain): 기장에게 전달되는 중요한 정보나 지침이 포함된 문서
- Meal Order List: 비행 중 제공할 기내식 신청 목록
- Load Sheet: 항공기의 무게 중심(Weight & Balance) 관련 자료, 탑재된 화물 · 수하물 · 승객 명세 등의 정보가 담긴 서류

이외에도 항공기 운항 및 승객 서비스에 필요한 여러 서류들이 있으며, 각 서류는 항공사의 규정에 따라 다르게 기록되고 전달된다. 항공사의 정책과 절차에 맞춰 항공기의 운영 상태, 승객의 편의, 안전, 기내 서비스 등의 필수적인 정보를 정확하게 관리하고 전달하는 것이 매우 중요하다.

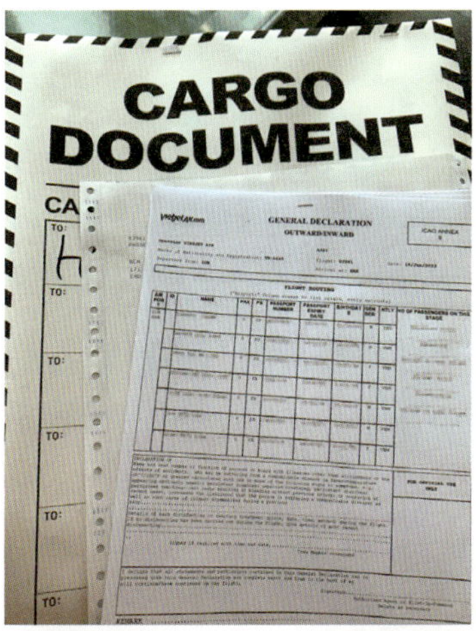

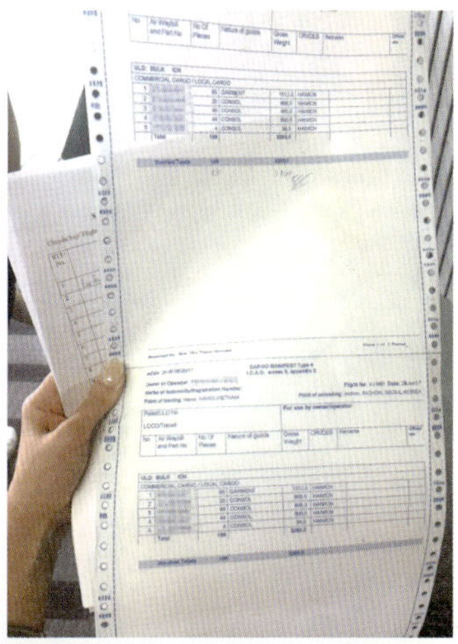
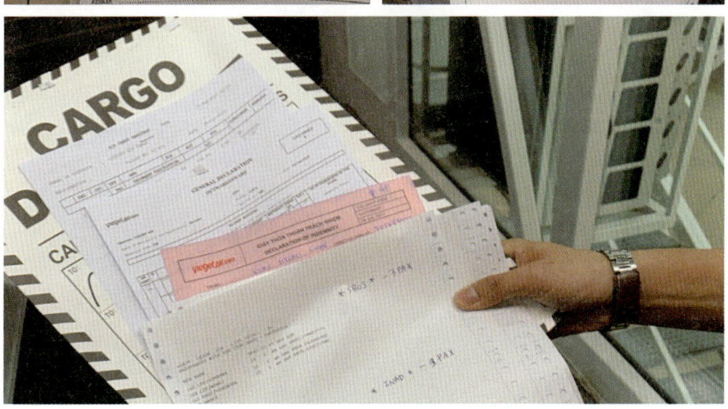

Boarding Check

객실 사무장과 협력하여 실제 탑승객 수와 예약된 총 승객 수를 최종 확인한다.

항공기 출발

- Door Close: 승객 탑승이 끝난 후 항공기의 문을 닫는 단계
- Push Back: 항공기를 후진시켜 이동 준비를 시작하는 과정
- Taxiing(Taxi–out): 항공기가 유도로에서 활주로로 이동하는 지상 활주 단계
- Take–off: 항공기가 속도를 높여 이륙하는 단계

Push Back

Taxiing(Taxi-out)

전문 작성

LDM, PTM, PSM, MVT 등의 전문을 작성한 후, 도착지 공항에 전송한다.

주요 명단 및 문서

GD(General Declaration): 승무원 명단

GD는 항공기 입출항 시 필요한 신고서를 의미한다. 이는 세관 및 세무서에서 요구하는 항공기의 전반적인 신고서로, 승무원 명부 등의 정보가 기재된다. 항공기의 입출항이 정상적으로 이루어지기 위해서는 GD의 승인이 필수이다.

> ☞ GD에 포함되는 내용
>
> 항공기 고유 편명, 항공사 이름, 항공기 등록번호, 운항 날짜, 출발지 및 도착지, 승무원의 영문 이름, 국적, 성별, 직급, 여권 만료일, 여권번호 등이 기재된다.

PM(Passenger Manifest): 탑승객 명단

PM은 항공사의 가장 기본적인 기내 서류 중 하나로, 모든 항공기에는 반드시 PM을 기내에 실어야 한다. PM에는 승객의 이름과 좌석번호 등 기본적인 승객 정보가 기재된다.

> ☞ PM에서 확인해야 할 내용
>
> PM을 출력한 후 편명, 운항 날짜, 카운터에서 마감된 승객 인원 등 승객의 탑승 수속 정보를 정확히 확인해야 한다.

CM(Cargo Manifest): 화물 적재 목록

CM은 항공기에 실린 모든 화물에 대한 자세한 정보가 담긴 서류이다. CM은 항공사의 기내 서류로, 화물의 종류, 수량, 목적지, 송하인 및 수하인 정보를 포함하여 해당 화물이 올바르게 처리될 수 있도록 한다.

> ☞ CM에 포함되는 정보
>
> CM에는 화물의 종류 및 상세 설명, 수량과 무게, 화물의 출발지와 목적지, 송하인과 수하인, 화물의 상태와 요구사항 등을 비롯하여 해당 화물이 실릴 항공기의 운항 정보가 담긴다.

S.H.R(Special Handling Request): 특별 승객 명단

SHR은 항공기 운항 시 특별한 지원이나 처리가 필요한 승객에 대한 정보를 제공한다. 이는 이동에 도움이 필요한 승객(예, 휠체어나 의료 도움을 필요로 하는 승객 등), 비동반 소아 및 청소년(UM & YPTA), 반려동물을 동반한 승객 등과 같은 특별 요청사항을 포함한다. 이를 통해 객실 승무원이 승객의 특정 요구사항을 사전에 파악하고, 그에 맞는 서비스를 준비할 수 있도록 돕는다.

특별 승객에 대한 정보를 미리 확보함으로써, 객실 승무원은 승객의 안전과 편의를 최우선으로 고려하여 적절한 대응을 할 수 있다. 이러한 정보는 예약 시스템, 탑승 수속 시스템 또는 공지 사항을 통해 관리되며, 승객이 비행 중에 불편함을 겪지 않도록 중요한 역할을 한다.

NOTOC(Notification to Captain): 화물 및 위험물 안내 문서

NOTOC는 항공기에서 운반되는 위험물이나 특수 화물에 대한 중요한 정보를 기장에게 전달하는 문서이다. 편명(항공편 번호), 출발지 및 도착지 정보는 기장이 비행을 정확히 인식하고 위험 요소를 미리 평가하는 데 필요하다.

위험물 목록(Dangerous Goods List)에는 항공기에서 운반되는 위험물에 대한 세부 정보가 담겨 있으며, 이를 통해 기장은 각 화물에 대한 취급 지침과 환경적 요구사항을 파악하고, 비행 중 발생할 수 있는 위험을 관리한다.

화물에 대한 특수 지침(Special Handling Instructions)에는 온도, 습도 등의 환경 조건과 취급 시 주의사항이 포함되어, 기장이 화물의 안전한 운반을 보장할 수 있도록 한다.

Meal Order List: 기내식 신청 명단

Meal Order List는 항공편에서 제공되는 식사 주문 목록을 의미하며, 승객의 식사 선호에 대한 정보를 포함한다. 일반적으로 항공기에서 승객에게 제공되는 식사는 사전 예약 시스템을 통해 미리 선택되며, 특별식이 필요한 승객(예, 채식주의자, 할랄 식사 등)을 위해 다양한 옵션이 제공된다. 이 명단은 승객의 식사 요구사항과 옵션을 명확히 구분하며, 승무원이 각 승객에게 정확하게 식사를 제공할 수 있도록 돕는다. 또한 항공사에서 승객의 건강과 문화적, 종교적 이유를 고려하여 다양한 특별식을 준비하고 이를 제공하는 데 중요한 역할을 한다.

Load Sheet: 로드 시트

로드 시트는 항공기의 화물과 승객 탑재 현황을 상세히 기록한 문서로, 항공편이 출항하기 전에 반드시 준비해야 하는 필수 서류이다. 로드 시트는 '탑재 시트'라고도 불리며, 항공기의 무게 중심(Weight & Balance) 관련 자료, 탑재된 화물 · 수하물 · 승객 명세 등에 대한 정보가 담긴다. 이 문서는 기장이 항공기 운항을 시작하기 전에 승객 배치와 적재된 화물의 균형을 확인하고, 안전한 비행을 위해 필요한 조정을 할 수 있도록 도와준다. 또한 항공사의 각 부서가 운항 중에 안전하고 효율적인 관리를 할 수 있도록 하는 기반을 마련해 준다.

로드 시트의 주요 목적은 중량 분배와 중심 위치(Center of Gravity)의 적절한 조정에 필요한 정보를 제공하는 것이다. 이는 항공기 비행의 안정성을 높이는 데 중요한 역할을 한다. 과도한 중량이 항공기 앞쪽이나 뒤쪽에 몰릴 경우 비행 성능에 문제를 일으킬 수 있기 때문에, 로드 시트는 비행 준비 과정에서 중량 분포를 검토하고 조정하는 데 필수적인 문서이다. 로드 시트는 승무원, 항공사 직원, 공항의 지상 근무자들이 정보를 공유하여 항공편 운항에 필요한 모든 절차가 원활하게 진행되도록 지원한다.

CASE STUDY 1

⊙ 다음 상황에 맞게 본인이 탑승 수속 직원이라고 가정하고 해결 방안을 작성해 보자. 그 후 짝꿍과 함께 Role-play를 진행하기 위해 대본을 작성해 보자.

❖ 면세품이 기내 수하물 규정을 초과한 승객을 발견한 경우

Key Point

- 승객에게 항공사 기내 수하물 규정을 설명하고, 탑승 게이트에 비치된 저울을 통해 수하물 무게를 재확인한다. 만일 기내 수하물 규정이 크기와 무게를 초과한 경우, 승객이 위탁할 수 있는 수하물 무게가 남았는지 시스템을 통해 확인한 후, Gate Bag 처리하도록 한다. 위탁할 수하물 안에 귀중품이나 파손 가능 물품이 없는지 질의하고, 위탁 불가한 물품을 안내하며 리튬 이온 배터리가 있는지 문의하여 그렇다면 기내로 휴대할 수 있게끔 처리한다.
- 특히 최종 목적지를 승객에게 구두로 확인하고 시스템을 통해 재확인하도록 한다. 만일 이원구간이 있는 경우, 시스템에서 Baggage Tag을 뽑아 부착한 후 가방을 위탁하며, 면책사항을 재설명한 후, 승객에게 Sign을 받도록 한다.

⦿ 이 서류는 외국 항공사 V항공의 LR(Limited Release) Tag이다. 탑승 게이트에서 수하물을 위탁할 경우, 상황에 따라 시스템을 통해 발급되는 Auto Tag이 아닌 LR Tag을 사용할 수도 있다. 이때는 직원이 직접 작성하여 수하물을 처리하므로, LR Tag의 내용을 함께 살펴보며 작성 방법을 확인해 보자.

Piece/Weight / kg	Security Number

○○AIR

LIMITED RELEASE

- ☐ FRAGILE or INADEQUATE PACKING
- ☐ PERISHABLE
- ☐ LATE CHECK–IN
- ☐ NOT ADMISSIBLE IN CABIN
- ☐ DAMAGED
- ☐ SPECIFY
- ☐ HANDLE BROKEN
- ☐ STRAP BROKEN
- ☐ TORN
- ☐ DENT
- ☐ SCRATCH
- ☐ OTHER
- ☐ TOP / BOTTOM / SIDE / END

CARRIERS ARE RELEASED FROM ANY LIABILITY RESULTING FROM ABOVE CONDITIONS OF ACCEPTANCE

PASSENGER SIGNATURE

TO

AIRLINE FLIGHT

THIS IS NOT THE LUGGAGE TICKET (BAGGAGE CHECK) DESCRIBED BY THE ARTICLE 4 OF THE WARSAW CONVENTION AS AMENDED BY THE HAGUE PROTOCOL 1955

ISS01Rev00 **25DEC26**

Piece/Weight / kg	Security Number

○○AIR

LIMITED RELEASE

- ☐ FRAGILE or INADEQUATE PACKING
- ☐ PERISHABLE
- ☐ LATE CHECK–IN
- ☐ NOT ADMISSIBLE IN CABIN
- ☐ DAMAGED
- ☐ SPECIFY
- ☐ HANDLE BROKEN
- ☐ STRAP BROKEN
- ☐ TORN
- ☐ DENT
- ☐ SCRATCH
- ☐ OTHER
- ☐ TOP / BOTTOM / SIDE / END

CARRIERS ARE RELEASED FROM ANY LIABILITY RESULTING FROM ABOVE CONDITIONS OF ACCEPTANCE

PASSENGER SIGNATURE

TO

AIRLINE FLIGHT

ISS01Rev00 25DEC26

THIS IS NOT THE LUGGAGE TICKET (BAGGAGE CHECK) DESCRIBED BY THE ARTICLE 4 OF THE WARSAW CONVENTION AS AMENDED BY THE HAGUE PROTOCOL 1955

0123456789

○○AIR

LIMITED RELEASE

0123456789

○○AIR

LIMITED RELEASE

0123456789

CASE STUDY 2

⦿ 다음 상황에 맞게 본인이 탑승 수속 직원이라고 가정하고 해결 방안을 작성해 보자. 그 후 짝꿍과 함께 Role-play를 진행하기 위해 대본을 작성해 보자.

❖ 면세점에서 구입한 캐리어를 탑승 게이트에서 위탁하길 원하는 경우

Key Point

- 승객이 위탁할 수 있는 수하물 무게가 남았는지를 시스템을 통해 확인한 후, Gate Bag 처리하도록 한다. 보안 검색 절차를 마친 후 면세점에서 구매한 캐리어 안에는 어떠한 물품도 넣지 않는 것이 원칙이다.
- 만일 휴대 수하물 허용량 초과로 캐리어에 물품을 넣어 위탁하게 될 경우, 수하물 안에 전자기기의 전원이 꺼져 있는지, 배터리 등 위탁 불가 물품이 없는지에 대해 반드시 승객과 재확인 절차를 거쳐야 한다.

⦿ 이 Stock은 Limited Release Tag이다. 앞서 언급한 Case Study 상황에 맞게 이를 어떻게 적용하고, 어떤 정보를 작성해야 하는지 파악한 후, 직접 Limited Release Tag을 작성해 보자.

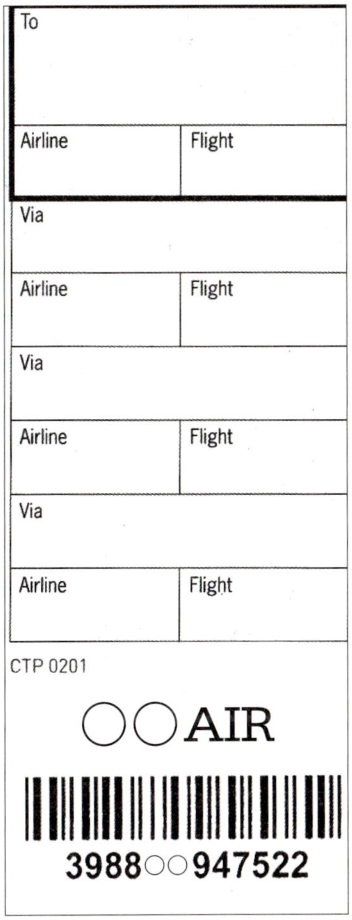

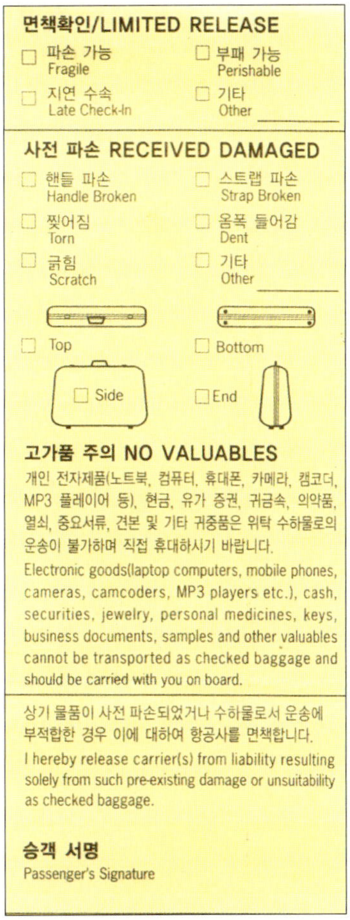

CASE STUDY 3

⊙ 다음 상황에 맞게 본인이 탑승 수속 직원이라고 가정하고 해결 방안을 작성해 보자. 그 후 짝꿍과 함께 Role-play를 진행하기 위해 대본을 작성해 보자.

❖ 뜨거운 음료를 기내로 반입하고 싶어하는 경우

Key Point

- 먼저 해당 항공사의 정책을 확인해야 한다. 일부 항공사는 승객이 직접 가져온 음료를 허용하지만, 일부 항공사는 금지하거나 특정 조건을 요구할 수 있다. 특히 뜨거운 음료의 경우, 안전상의 이유로 일부 항공사에서는 반입을 제한할 수 있다.
- 만일 항공사에서 뜨거운 음료를 금지하는 경우, 승객이 탑승하기 전에 관련 사항을 미리 안내하여 다 마시고 탑승하거나 폐기한 후에 탑승할 수 있도록 승객의 안전을 고려하여 조치한다.
- 특별한 상황이나 예외적인 경우에는 현장에서 객실 승무원과 협의하여 안전하게 음료를 반입할 수 있는 방안을 찾는다.

CASE STUDY 4

⦿ 다음 상황에 맞게 본인이 탑승 게이트 직원이라고 가정하고 해결 방안을 작성해 보자. 탑승 후 상황이므로 탑승 게이트 직원과 항공기 내 승무원의 역할을 각각 논의한 후, 역할을 나누어 짝꿍과 Role-play를 진행하기 위해 대본을 작성해 보자.

❖ 탑승 후, 화장실/면세점에 휴대폰을 두고 온 경우

Key Point

- 승객이 항공기에 탑승한 후에는 우리나라 항공보안법상 '항공기 이륙 전 항공기에서 내리는 탑승객 발생 시 처리 절차'를 엄격히 준수해야 한다. 이러한 상황에 대비하여 승객에게 안내하고, 공항 지상직 직원은 승객을 대신하여 해당 절차를 따르고 승객이 놓고 온 장소에 가서 물품을 찾아와 전달하도록 한다.

CASE STUDY 5

◉ 다음 상황에 맞게 본인이 탑승 게이트 직원이라고 가정하고 해결 방안을 작성해 보자. 미탑승객을 기다려야 할지 아니면 탑승을 진행해야 할지, 항공사 측면에서 어떻게 판단할 수 있을지 조별로 토론해 보자. 또한 탑승 게이트 직원들이 이 상황을 해결하기 위해 어떤 순서로 진행해야 할지 각 직원의 업무를 세분화하여 단계별로 정리해 보자. 그 후 짝꿍과 Role-play를 진행하기 위해 대본을 작성해 보자.

❖ 미탑승 승객이 발생한 경우

Key Point

- 대부분의 항공사는 출발시간 10~15분 전에 탑승을 마감하지만, 상황에 따라 탑승 마감시간이 달라질 수 있다. 기내 체크에서는 승객 정보를 확인하고 해당 좌석에 승객이 있는지 점검한다. 승객이 없을 경우 승객 이름을 부르며 주변 승객을 확인하고, 필요시 객실 승무원에게 방송을 요청하여 미탑승 여부를 확인한다. 만약 승객을 찾지 못할 경우, 게이트 주변에서 승객을 페이징하며 게이트 직원에게도 실시간 진행 상황을 전달하여 정시 출발을 위한 준비를 해야 한다.

SECTION 02 탑승권 재발행 처리 절차

- 탑승 수속대, 키오스크(Kiosk), 휴대용 전자기기 등을 통해 이미 탑승 수속을 마친 승객이 직접 키오스크, 휴대용 전자기기 등을 통해 탑승권을 재발급할 수 없도록 조치한다.
- 탑승 수속을 마친 승객이 탑승권 분실 · 도난 · 훼손 등으로 인해 탑승권 재발급을 요청하는 경우, 반드시 관련 직원(선임)이 재발급 사유 및 경위를 확인한 후 재발급하며, 탑승권 재발행 관리대장을 철저하게 작성해야 한다.
- 탑승권이 재발급되었음을 확인할 수 있는 표식(B.C)을 하여 이전에 발급된 탑승권과 구별되도록 하고, 불법 탑승 또는 중복 탑승 등을 사전에 방지하기 위해 즉시 기존 탑승권을 무효화(또는 취소) 처리하여 출국장 진입, BGR 확인 시 경고가 발생되도록 조치한다.

> ☞ 다만, 전자적 방법으로 탑승권 무효화 처리가 불가한 경우, 최대한 신속하게 출국장 신분 확인 검색대(공항공사) 및 탑승 게이트와 관련 정보를 공유할 수 있는 절차 등으로 대체 운영해야 한다.

- 탑승권 재발급 시 기존 탑승권 무효화를 즉시 실시해야 하며, 기존 탑승권 무효화 처리가 불가한 경우 출국장 및 탑승구에 즉시 통보하도록 한다.

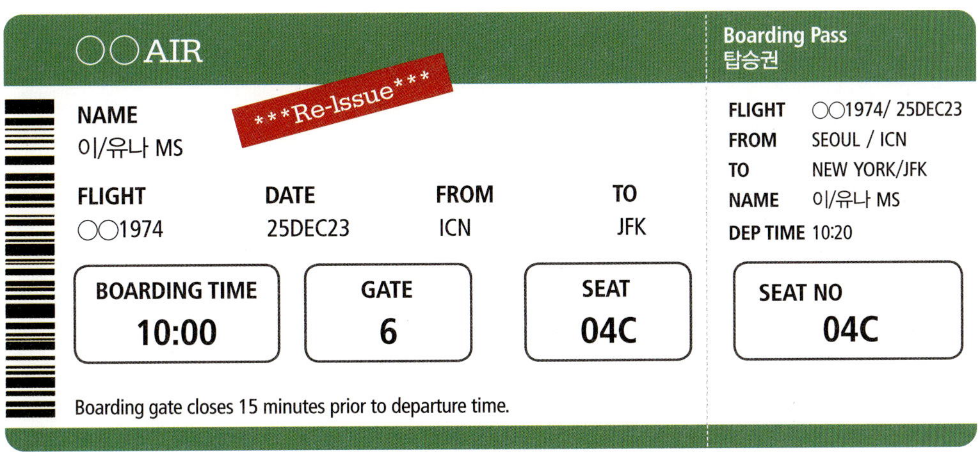

CASE STUDY 1

⊙ 다음 상황에 맞게 본인이 탑승 게이트 직원이라고 가정하고 해결 방안을 작성해 보자. 또한 탑승권 분실로 인해 발생할 수 있는 불편함을 승객의 입장에서 조별로 토론하고, 실제 탑승권과 관련된 보안 사고 사례를 조사하여 이에 대한 예방 방안을 논의해 보자. 그 후 짝꿍과 Role-play를 진행하기 위해 대본을 작성해 보자.

❖ 승객이 탑승 게이트에서 탑승권을 분실했다고 찾아온 경우

Key Point

- 승객에게 차분하고 친절하게 안내하여 어디서 탑승권을 분실했는지 확인하고, 가능하다면 최근 장소를 상기시키도록 도움을 제공한다. 분실된 탑승권을 찾기 위해 공항 내 안내데스크 등에 안내하고, 항공 보안과 관련하여 승객이 필요한 절차를 이해할 수 있도록 설명한다.
- 필요한 경우, 추가적인 안내를 제공하고 승객에게 새로운 탑승권을 발급받거나 다른 조치를 취할 수 있도록 도움을 준다.

⦿ 앞서 언급한 Case Study 상황을 바탕으로 고민해 보자. 예를 들어 ICN–SGN, SGN–BOM 구간을 환승하는 승객이 탑승권을 모두 분실한 경우, 탑승 게이트 직원은 어떤 절차로 승객을 응대해야 할까? 또한 승객이 SGN–BOM 항공편의 탑승구를 문의할 때, 어떤 방식으로 안내하는 것이 적절할까?

아래에 있는 환승 항공편(ICN–SGN, SGN–BOM) 탑승권을 참고하여 탑승권 재발급 및 환승 과정에서의 대응 방안을 논의해 보자.

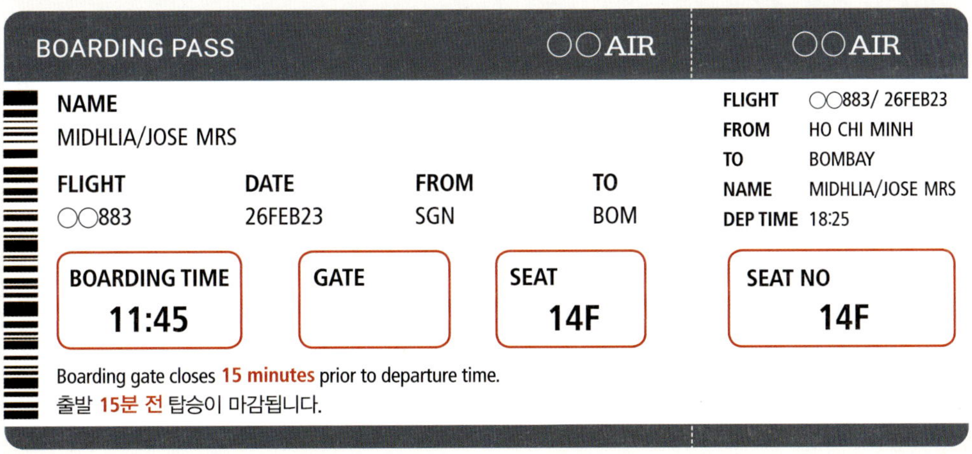

CASE STUDY 2

⊙ 다음 상황에 맞게 본인이 탑승 게이트 직원이라고 가정하고 해결 방안을 작성해 보자. 만약 마약/알코올 중독자 등 안전 운항에 위해가 의심되는 승객의 경우, 이들을 응대할 때 연락해야 할 관계기관이 어디인지 조사해 보자. 그 후 짝꿍과 Role-play를 진행하기 위해 대본을 작성해 보자.

❖ 마약/알코올 중독자 등 안전 운항에 위해될 것으로 의심되는 경우

Key Point

- 만취한 것으로 보이거나 약물에 의한 신체적 영향을 나타내는 승객이 있는 경우, 승객의 의심스러운 행동이나 상태를 주의 깊게 관찰하고, 안전 운항에 위협이 될 수 있는 상황을 파악한다. 이러한 승객은 공항 지점장, 해당 항공편 기장과 객실 승무원에게 빠르게 인계한다.
- 안전 운항에 위협이 될 것으로 판단되는 경우, 공항 보안 요원 등 관련 부서나 항공 당국에 추가 지원을 요청할 수 있으며, 공항 지점장 판단에 따라 운송을 거절할 수 있다.

SECTION

03 입국 불허자 및 강제 퇴거자: INAD 및 DEPO

입국 불허자

입국 불허자는 INAD(Inadmissible)로, 「출입국 관리법」 제76조에 따라 입국 목적 불분명, 위조 서류, 비자 미소지, 여권 유효기간 만료, 사증 목적 이외 불법적인 입국 시도 등 입국 결격 사유로 입국이 거절되어 본국으로 돌아가는 승객을 의미한다.

강제 퇴거자

강제 퇴거자는 DEPO(Deportee)로, 「출입국 관리법」 제59조에 따라 합법, 불법을 막론하고 입국한 승객이 우리나라에 오랜 기간 불법 체류를 했거나, 체류 중 범죄를 저지른 경우 등 관계 당국에 의해 강제로 추방되는 승객을 의미한다. DEPO는 DEPU(Deportee Unaccompanied)와 DEPA(Deportee Accompanied by an Escort)라는 두 가지 유형으로 나뉜다. DEPU는 항공기에 함께 탑승하는 동반자(이민국 직원 또는 경찰 등) 없이 추방되는 승객을 의미하며, DEPA는 항공기에 동반자와 함께 탑승하여 출국하는 경우로, 송환 사유가 폭력, 정신 질환, 약물 중독 등인 경우를 말한다.

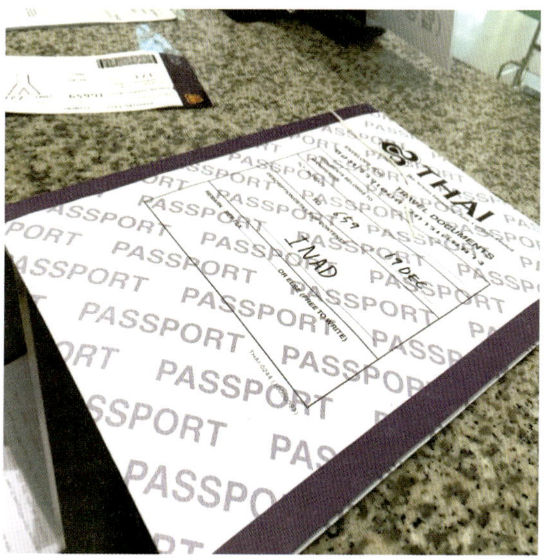

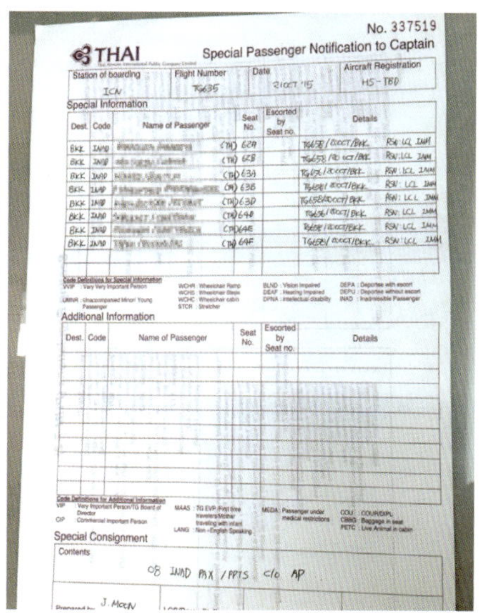

CASE STUDY 1

⊙ 다음 상황에 맞게 본인이 탑승 게이트 직원이라고 가정하고 해결 방안을 작성해 보자. 먼저 INAD(입국 불허자)와 DEPO(강제 퇴거자)의 차이점을 살펴보고, 각 경우에 항공사에서는 어떤 방식으로 대응해야 하는지 고민해 보자.

또한 책임의 범위가 어디까지인지, 필요한 인계 서류에는 무엇이 있는지, 지상직 직원의 서류 및 업무 처리는 어떻게 진행되는지, 탑승 시 어떤 관계자에게 통보해야 하는지, 적절한 조치가 무엇인지에 대해 논의해 보자. 이러한 핸들링 절차를 정리한 후, 짝꿍과 Role-play를 진행하기 위해 대본을 작성해 보자.

Tip INAD와 DEPO가 발생하는 다양한 이유를 생각해 보고, 실제 사례를 뉴스 및 영화에서 찾아보며 이해를 확장해 보자. 이를 통해 지상직 직원은 승객의 상태를 신속히 파악하고, 송환 과정에서 발생할 수 있는 돌발 상황에 대비하여 관련 규정과 절차를 철저히 숙지해야 한다.

❖ INAD와 DEPO 승객이 탑승한 경우

Key Point

- INAD는 입국 거절이 확정되면 법무부가 항공사로 연락을 취해 송환 지시를 내린다. 항공사는 INAD가 고국이나 출발지로 재출국하기 전까지 책임지고 직접 핸들링을 해야 한다. 지상직 직원은 INAD를 만나 항공권의 변경이나 재구매를 유도 및 안내하고, 출국이 확정되면 출국 대기실 직원은 탑승시간에 맞춰 게이트로 이동할 수 있다.
- DEPO(U)는 항공기에 함께 탑승하는 동반자 없이 본인만 추방되는 승객으로, 외국인 보호시설의 직원과 동행하에 호송버스를 타고 곧장 탑승 게이트로 도착한다. 이때 직원은 항공기에 탑승하지 않고, 항공기 앞까지만 승객을 동행한다. 지상직 직원은 탑승 시작 10분 전에 객실 사무장에게 관련 서류, 탑승권 등 필요한 정보를 사전에 제공하도록 한다.

⊙ 다음의 세 가지 서류는 출입국 · 외국인청에서 발급하는 송환 지시서, 송환 결과 보고서, 강제 퇴거 명령서로, INAD 또는 DEPO 승객의 송환 절차를 공식적으로 문서화한 것이다. INAD 승객과 DEPO 승객의 송환 절차는 각기 다른 서류로 문서화되며, 지상직 직원은 승객의 탑승 절차를 조율하고 관련 기관과 협력하여 적절한 조치를 취해야 한다.

송환 지시서

Repatriation Order

발급일자(Date): 20____년 _____월 _____일

○○항공 귀하
To: ○○Airline

귀하는 출입국 관리법 제XX조의 규정에 의하여 아래 사람을 귀하의 부담(항공 운임)으로 대한민국 밖으로 송환해야 함을 지시합니다.
I hereby instruct that you must repatriate the above mentioned person at your expense (i.e. transport expense) and responsibility to the exterior of the Republic of Korea in accordance with Article XX of the immigration Act.

1. 성명
   Name in Full ________________
   성별
   Sex ____________
2. 생년월일
   Date of Birth __________________________
3. 국적
   Nationality _________________
4. 직업
   Occupation ___________
5. 대한민국 내 주소
   Address in Korea __________________________________
6. 송환 사유
   Reason for Repatriation ________________________________

○○ 출입국관리사무소장 (인)
Chief, ○○ IMMIGRATION OFFICE

송환 결과 보고서

Repatriation Report

○○공항 출입국/외국인청장 귀하

대상자 (Person to whom the Permit is issued)	성명(Full Name)
	성별(Sex) 남 Male [ ] 여 Female [ ]
	생년월일(Date of Birth)
	국적(Nationality)
송환내용 (Repatriation Details)	송환 일시(Date of Repatriation)
	송환국(Country of Repatriation)
	송환 방법(Means of Repatriation)
	송환 근거(Ground of Repatriation)
	기타(Others)

출입국 관리법 XX조에 따라 위 사람의 송환을 마치고 이를 보고합니다.

I hereby report that repatriation of the above mentioned person has been completed as follow accordance with Article XX of the Immigration Act.

송환 보고일 (Date of Repatriation Report) 20______년 (Year) _________월 (Month) _________일 (Day)

송환 의무자 ○○ Air (Repatriated by) (서명 또는 인) (Signature/seal)

구분	항공사명	성명	제출일시
제출자			20 .
발행부서: 입국재심사 ○과 ○팀 ____________			

■ 출입국관리법 시행규칙 [별지 제110호서식] 〈개정 2018. 6. 12.〉

강제 퇴거 명령서

Deportation Order

Date　　　.　　　.　　　.

<table>
<tr><td rowspan="4">대상자
Subject of Deportation Order</td><td colspan="2">성명
Name in Full</td></tr>
<tr><td>생년월일
Date of Birth</td><td>성별
Sex　[ ]남 [ ]여
[ ]M [ ]F</td></tr>
<tr><td>국적
Nationality</td><td>직업
Occupation</td></tr>
<tr><td colspan="2">대한민국 내 주소
Address in Korea</td></tr>
<tr><td>강제 퇴거 이유(적용 법규정)
Reason for Deportation (Applicable Provision)</td><td colspan="2"></td></tr>
<tr><td>집행방법
Mode of Execution</td><td colspan="2"></td></tr>
<tr><td>송환국
Country of Repatriation</td><td colspan="2"></td></tr>
</table>

1. 「출입국관리법」 제59조에 따라 위와 같이 강제 퇴거 명령서를 발급합니다.
   In accordance with Article 59 of the Immigration Act, the deportation order is issued to the person above.

2. 귀하는 이 명령서를 받은 날부터 7일 이내에 법무부장관에게 이의신청을 하거나, 90일 이내에 행정심판 또는 행정소송을 제기할 수 있습니다.
   ※ 행정심판을 청구할 때에는 온라인행정심판(www.simpan.go.kr), 행정소송을 청구할 때에는 전자소송(ecfs.scourt.go.kr)을 통하여 온라인으로도 청구할 수 있습니다.
   A person who has an objection to the above disposition may file an objection with the Minister of Justice within 7 days after receipt of the deportation order or file an administrative appeal or an administrative litigation within 90 days from the date of receiving the deportation order.
   ※ You may file an administrative appeal online (www.simpan.go.kr) and an administrative litigation on the Internet (ecfs.scourt.go.kr)

○○출입국 · 외국인청(사무소 · 출장소)장 　직인

CHIEF, ○○IMMIGRATION OFFICE

집행결과 Result of Execution	집행자 Executing Official	서명 Signature

SECTION 04 비정상 상황: Irregularity

1) 비정상 상황의 정의

비정상 상황은 정비, 기상 조건, 초과 예약, 기내 응급환자 등 다양한 이유로 발생할 수 있는 비정상 운항과 Irregular Passenger에 대한 대응을 의미한다. 이러한 비정상 상황에 대한 내용과 처리 절차를 숙지하고 준수함으로써, 승객의 불편을 최소화하고 항공편 및 승객 응대를 원활히 진행할 수 있어야 한다.

2) 비정상 운항의 분류

지연(Delay)

지연은 항공편이 예정된 출발시간이나 도착시간보다 더 늦게 운항되는 상황을 의미한다. 지연은 다양한 이유로 발생할 수 있으며, 기상 조건, 정비 작업, 항공교통관제(Air Traffic Control, ATC), 정부의 명령/지시/요구, 항공사 또는 타사의 인력상의 난점 등이 원인이 될 수 있다. 항공사는 승객에게 지연 정보를 신속하게 전달하고, 가능한 한 원활한 대처를 위해 노력해야 한다.

결항(Cancellation)

결항은 항공편이 예정된 운항을 중단하고 취소되는 상황을 의미한다. 결항은 주로 기상 조건, 정비 작업, 운항 계획 변경, 정부의 명령/지시/요구, 항공사 또는 타사의 인력상의 난점, 전쟁 또는 국제관계의 불안정 등의 이유로 발생할 수 있다. 승객에게는 다른 항공편으로의 변경이나 환불 옵션 등을 제공해야 하며, 이에 대한 정보 전달이 중요하다.

경로 변경(Divert)

경로 변경은 항공편의 운항 경로가 예정된 것과 다르게 조정되는 상황을 의미한다. 이는 대기 공간 혼잡, 기상 조건, 항로 제한 등의 이유로 발생할 수 있다. 승객은 변경된 운항 경로 및 도착시간에 대한 안내를 전달받아야 하며, 항공사는 빠르게 대처하여 최소한의 불편을 유발하지 않도록 노력해야 한다.

회항(Return)

회항은 항공기가 예정된 공항이 아닌 다른 공항으로 방향을 전환하는 상황을 의미한다. 이는 주로 기상 조건, 공항 문제, 기타 비정상 상황 등에 대응하기 위한 조치로 이루어질 수 있다. 승객은 새로운 도착지에 대한 정보 및 이동 계획을 알아야 하며, 항공사는 승객의 편의를 최대한 고려하여 대응해야 한다.

램프 리턴(Ramp Return)

램프에서의 회항은 '램프 리턴'이라고 하며, 항공기가 이륙 전, 유도로 또는 활주로에서 탑승 게이트로 되돌아가는 것을 의미한다. 주로 응급환자 발생, 항공기의 기술적 결함이나 부품의 고장 등 안전한 비행이 어려울 때 적용된다. 항공사는 이러한 상황에서 신속한 대응이 요구된다.

3) 비정상 운항 시 승객 응대

항공기 접속과 정비, 기상 조건으로 인한 비정상 운항은 Recovery Service를 제공하지 않음을 원칙으로 한다. 다만, 다음의 경우는 서비스를 제공한다.

- 항공기 접속과 정비의 경우, 해당 항공편의 탑승 수속을 개시하며, 해당 항공편 예약 확약과 항공권 구매를 완료하고 탑승 수속 마감시간 이전에 출발지 공항에 도착한 승객에 한해 서비스를 제공한다.
- 기상 조건으로 인한 경우, 통과 여객 및 공항 지점장의 판단하에 UM, YPTA, 중증 장애 승객에게 서비스를 제공한다.

구분	내용
Recovery Service	항공사가 법적인 책임을 지지 않는 비정상 상황에서 승객에게 제공되는 식음료, 숙박, 통신, 지상 교통 등의 제반 서비스
Obligatory Service	항공사가 고의적인 과실로 인해 비정상 상황에서 승객에게 제공되는 식음료, 숙박, 통신, 지상 교통 등의 의무 서비스

승객이 항공기에 탑승한 후에 비정상 상황이 발생한 경우, 국내선은 1시간 이상 지연 시 승객 하기, 국제선은 2시간 이상 지연 시 승객 하기가 이루어져야 한다.

장시간 지연이 예상된다면, 항공사는 동일 목적지의 자사 대체 항공편으로 전환하거나 타 항공사 항공편으로 변경하는 등의 조치를 취해야 한다.

SECTION

05 승객 비정상 상황: Passenger Irregularity

1) 승객 비정상 상황의 분류

항공기 기종 변경(Aircraft Change)

항공기 기종 변경은 항공사가 여러 요인에 의해 최초 계획된 항공기 기종에서 다른 기종으로 변경하여 운항하는 경우를 의미한다. 이러한 요인에는 항공기 운항 스케줄의 조정, 예약 수급 고려, 정비 등이 포함된다.

이 경우, 각 항공기 기종은 판매 가능한 좌석 형태와 수량이 상이할 수 있다. 이를 판매 가능한 좌석(Salable Configuration)이라고 한다. 특히 국제선은 Class(좌석 등급)별로 판매 가능한 좌석 수에 차이가 발생할 수 있다. 각 승객이 예약한 등급별로 판매 가능 좌석을 고려하여 항공기 기종이 조정되기 때문이다.

초과 예약(Overbooking)

초과 예약은 항공사가 실제 비행기 좌석보다 티켓을 더 많이 판매한 상황을 나타낸다. 이는 항공사가 No-show 승객으로 인한 Seat Loss를 방지하여 수입 제고를 도모하고 더 많은 티켓을 판매하려는 전략의 일환으로 이루어진다.

즉, 초과 예약은 항공사가 가능한 한 비효율적인 빈자리를 최소화하려는 경제적인 목적을 가진다. 그러나 예상과 달리 모든 승객이 항공편에 탑승하는 경우, 초과 예약은 문제가 될 수 있다. 만일 초과 예약된 항공편에 예상보다 많은 승객이 Show-up하게 될 경우, 항공사는 대체로 자발적인 승객에게 보상을 통해 좌석을 양도하도록 하고, 그렇지 않을 경우 일부 승객을 대체 항공편으로 배치하게 된다.

초과 예약은 항공산업에서 흔히 발생하는 현상 중 하나이며, 이에 대한 관리는 항공사의 전략과 정책에 따라 다양한 요소를 고려하여 신중히 결정해야 한다.

기내 허용 탑재 중량(Allowance Cabin Load, ACL) 부족

ACL 부족은 항공기 내에서 수용 가능한 무게 한도를 초과하여 여행객 및 수하물을 운송하는 경우 발생하는 상황을 나타낸다. 각 항공기는 안전 및 운항 규정에 따라 기내에 허용되는 총 중량을 설정하고 있으며, 이러한 중량은 승객, 승무원, 수하물, 항공기 자체의 무게 등을 고려한 것이다.

다양한 요인으로 ACL 부족이 발생할 수 있다. 예를 들면, 승객의 무게나 수하물의 부피가 예상보다 크거나, 예측하지 못한 무게가 추가되는 경우 등이 해당한다.

항공사는 ACL을 효과적으로 관리하기 위해 탑승 수속 시 승객 및 수하물의 무게를 철저히 확인하고, 초과 시에는 대체로 추가 요금이나 기타 조치를 통해 문제를 해결해야 한다. 특히 항공 운항 중에 발생할 수 있는 사항이자 고려해야 할 중요한 사항 중 하나로 항공사는 안전과 서비스 품질을 유지하기 위해 ACL을 철저히 관리하고 대처해야 한다.

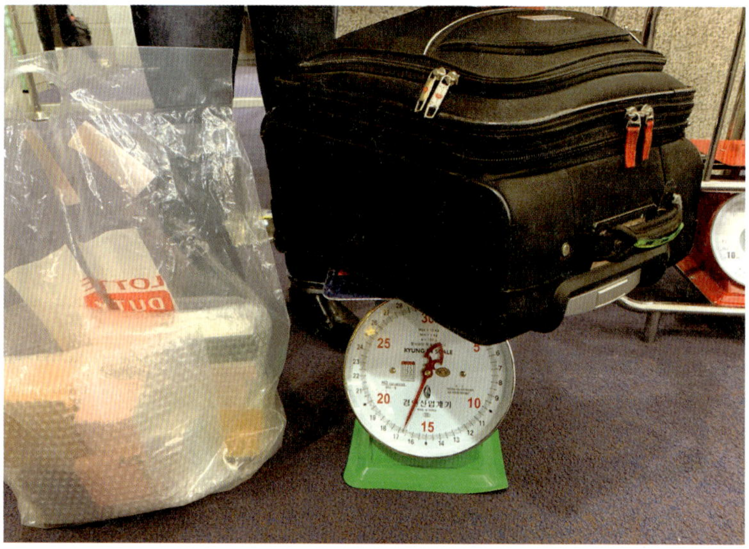

2) 탑승거절보상제도(Denied Boarding Compensation, DBC)

해당 항공편의 초과 예약이나 항공사의 귀책 사유로 인해 탑승이 거절된 예약 확약 승객에게 항공사가 보상해 주는 제도를 말한다.

DBC 적용 대상

- 초과 예약으로 탑승이 불가해진(Off-load), 예약 확약이 된 유효 항공권 소지 승객
- ACL 제한 및 항공기 교체로 인한 Off-load 승객

- No-record 여객(여객이 항공권 예약을 하고 예약이 확정된 발권을 한 후 탑승하기 위해 공항에 나타났으나 탑승을 위한 예약자 명단에 없는 승객)

DBC 적용 예외

- 일반에게 비적용되는 50% 이상 할인 항공권 및 무임 Ticket 소지 승객
- 72시간 예약 재확인 규정을 미준수하여 예약이 취소된 경우
- 도착 예정시각을 기준으로 1시간 이내에 대체편을 제공한 경우
- 출발 예정시각 40분 전까지 공항 탑승 수속 카운터에 나타나지 않은 승객

DBC 지급 절차

- MCO(Miscellaneous Charge Order)는 항공 운임 지급, 세금 지급, 환급, 수하물 운임 지급, 호텔비 지급을 위한 용도 등으로 항공사에서 발행하는 유가 증권으로, MCO 또는 현금(MCO에 의한 환급)으로 지급한다.
- 승객이 동의할 경우, 대체 항공편의 해당 항공사의 운항 구간에서 차액 없이 차상위 등급으로 Up-grade 탑승 조치를 한다.

CASE STUDY 1

⦿ 다음 상황에 맞게 본인이 탑승 게이트 직원이라고 가정하고 해결 방안을 작성해 보자. 갑작스럽게 하기가 발생한 승객이 있을 경우, 이들을 응대하기 위해 연락해야 할 관계기관이 어디인지 확인하고, 각 기관의 업무를 조사해 보자. 또한 하기가 발생한 후 지상직 직원의 업무를 순서대로 나열한 후, 짝꿍과 Role-play를 진행하기 위해 대본을 작성해 보자.

❖ 갑작스러운 하기를 요청하는 경우

Key Point

- 응급환자 발생이나 변심으로 탑승한 승객이 하기하려는 상황에서는 먼저 승객에게 상황을 듣고 확인해야 한다. 둘째, 비행기 지연과 연결될 수 있기 때문에 신중하게 선택을 고려해야 한다. 셋째, 카운터와 게이트 전 직원에게 상황을 공유하여 절차에 맞는 원활한 처리가 이루어지도록 한다. 이 상황은 보안과 관련된 문제이므로, 반드시 적절한 절차를 따르는 것이 중요하다.

CASE STUDY 2

⊙ 다음 상황에 맞게 본인이 탑승 게이트 직원이라고 가정하고 해결 방안을 작성해 보자. 승객의 불만에 효과적으로 대응하기 위해 어떠한 말과 태도를 취해야 할지 집중해 보자. 그 후 짝꿍과 Role-play를 진행하기 위해 대본을 작성해 보자.

❖ 비행기 점검으로 탑승이 지연되어 불평하는 경우

Key Point

- 첫째, 승객에게 항공기 안전이 최우선이며 비행기 점검은 항공기의 안전 및 기술적 상태를 보장하기 위한 필수 절차로 언제나 우선시되어야 함을 설명한다.
- 둘째, 승객에게 지연의 원인이나 예상되는 지연시간을 가능한 한 수시로 안내 방송을 하여 알리고, 공항 FID(Flight Information Display), 공항 앱 등을 통해 업데이트를 제공한다.
- 셋째, 승객의 불평 및 우려에 신속하고 적극적으로 대응하며, 상황에 대한 이해도를 높이고 신뢰를 유지하기 위해 항공사의 대응 및 개선 계획을 공유하도록 노력한다.

CASE STUDY 3

⦿ 다음 상황에 맞게 본인이 탑승 게이트 직원이라고 가정하고 해결 방안을 작성해 보자. 그 후 짝꿍과 함께 Role-play를 진행할 때는 연착된 비행기와 환승 항공편 간의 상황을 기반으로 단계별 응대와 대체 항공편 안내를 실습할 수 있도록 대본을 작성해 보자.

❖ 비행기 연착으로 환승 항공편을 놓칠까봐 걱정하는 경우

Key Point

- 승객에게 비행기의 연착 원인, 예상 지연시간, 다음 환승 항공편에 대한 정보를 최대한 정확히 제공할 수 있도록 우선적으로 응대한다. 특히 승객의 다음 환승 항공편이 자사 항공사이거나 코드셰어 항공편일 경우, 가능한 여러 옵션을 제시하여 최적의 선택을 할 수 있도록 도움을 준다.
- 대기 중인 승객 중 연결편의 영향을 받을 것으로 예상되는 승객에 대해서는 사전에 도착지 공항 지상직 직원이나 항공사 직원에게 해당 승객의 정보를 전달하며 필요한 경우 특별 서비스나 지원을 제공한다. 이를 통해 승객이 상황에 대한 정확하고 신속한 정보를 받아 최상의 결정을 내릴 수 있도록 지원한다.

CASE STUDY 4

⦿ 다음 상황에 맞게 본인이 탑승 게이트 직원이라고 가정하고 해결 방안을 작성해 보자. 먼저 항공권 초과 예약인 Overbooking이 발생하는 주요 원인과 항공사 운영 방식을 이해하고, 예약 취소 및 노쇼(No-show)의 개념과 영향도 함께 살펴보자.

그 후 국내외 항공사의 실제 Overbooking 사례를 조사하여 보상 및 대응 절차를 분석하고, 승객 응대 시 고려할 사항을 정리해 보자. 마지막으로, 짝꿍과 Role-play를 진행하기 위해 대본을 작성해 보자.

❖ Overbooking으로 탑승 수속이 불가한 승객이 컴플레인하는 경우

Key Point

- Overbooking으로 인한 승객 응대 시, 지상직 직원은 친절하고 안정적인 태도로 승객의 불만을 듣고 이해하며, 상황에 대한 불편을 인정하고 사과를 표현해야 한다. 최대한 항공사 규정에 맞는 대안을 제시하고, 보상제도를 명확히 설명하여 승객의 이해를 돕고, 불만이 발생할 경우 신속하게 대응하며 향후 조치를 안내해야 한다. 이를 통해 승객의 경험을 지속적으로 개선하려는 항공사의 노력을 보여야 한다.

CASE STUDY 5

⊙ 다음 상황에 맞게 본인이 탑승 게이트 직원이라고 가정하고 해결 방안을 작성해 보자. 상황 해결이 어려운 경우, 항공 교통 이용자 피해 구제 신청서를 안내하고 관련 절차를 설명하도록 하자. 그 후 짝꿍과 Role-play를 진행하기 위해 대본을 작성해 보자.

❖ 응급환자 발생/기상 악화로 비행기가 Divert 또는 Ramp Return된 상황에서 승객이 비즈니스에 큰 손해를 보았다고 화를 내는 경우

Key Point

- 응급환자 발생이나 기상 악화로 인해 비행기의 Divert 또는 Ramp Return 상황이 진행되면, 상황에 대한 정확하고 신속한 정보를 제공한다. 승객에게 이 상황이 발생한 이유와 예상 출발시간과 도착시간 등 지연 및 결항에 대해 충분히 설명하고 상황이 진정될 때마다 안정적인 대응 시도와 적절한 안내 서비스를 제공한다.
- 승객이 비즈니스에 큰 손해를 입었다고 주장할 경우, 항공사는 관련 문제에 대한 추가 조치를 고려할 수 있다. 항공사 정책과 절차를 따르면서도 최대한 공정하고 성의 있게 대응해야 한다.

⊙ 이 서류는 항공 교통 이용자 피해 구제 신청서이다. 앞서 언급한 Case Study 상황에 맞게 짝꿍과 함께 승객과 직원 역할을 나누어 수행하면서, 승객에게 피해 구제 절차를 설명하고 이를 신청서에 작성할 수 있도록 안내해 보자.

항공 교통 이용자 피해 구제 신청서

Damage Redress Application Form for Air Transportation Users

접수번호 Receipt No.		접수일자 Date	20 . . .	담당자 Person in Charge	

<table>
<tr><td rowspan="4">신청인
Applicant's Information</td><td>성명
Name</td><td colspan="2"></td><td>성별</td><td colspan="2">□ 남 Male
□ 여 Female</td></tr>
<tr><td>이메일
E-mail</td><td colspan="2"></td><td>전화번호
Telephone No.</td><td colspan="2"></td></tr>
<tr><td>주소
Address</td><td colspan="5"></td></tr>
<tr><td>탑승일/편명
Flight Date/Flight No.</td><td></td><td>이용구간
From-To</td><td></td><td>좌석번호
Seat No.</td><td></td></tr>
<tr><td>피해유형
Type of Damage</td><td colspan="6">□ 운송 불이행 및 지연
Failure to transport/Delay of transport
□ 탑승위치, 항공편 등 관련 정보 미제공으로 인한 탑승 불가
Unable to board flight due to lack of information about boarding gate, flight number, etc.
□ 위탁 수하물 분실 파손
Loss or damage to checked baggage
□ 이동 편의시설 미설치로 인한 항공기 탑승 장애
Impediments to boarding due to failure to install mobility facilities
□ 항공권 초과 판매
Oversold flight tickets
□ 취소 항공권의 대금 환급 지연
Delayed payment of refund for cancelled flight tickets
* 단, 기상 악화, 안전 운항을 위한 정비로서 예견하지 못한 정비, 천재지변, 항공기 접속관계 등의 불가항력적인 사유로 발생한 피해는 구제 대상에서 제외됩니다.
However, redress is not provided if the damage is due to uncontrollable circumstances, such as bad weather conditions, unforeseen maintenance required for safe flight operations, natural disasters, issues with flight connections, etc.</td></tr>
<tr><td>피해내용
Details of Damage
*가급적 육하원칙에 따라 작성
who, what, where, when, why, how</td><td colspan="6"></td></tr>
<tr><td colspan="3">회신방법 Preferred Method of Result Notification</td><td colspan="4">□ 이메일(E-mail) □ 우편(Mail)</td></tr>
</table>

항공사업법 제61조 및 항공사업법 시행규칙 제64조에 의거하여 위와 같이 피해 구제를 신청합니다.
I hereby apply for damage redress based on the Article 61 of Aviation Business Act and the Article 64 of Aviation Business Act Enforcement Regulations.

접수일: 년 월 일 신청인 : ____________________(서명 또는 인)
DATE YEAR MONTH DAY Applicant's Signature

[항공교통이용자 피해구제 접수확인증]

항공사업법 제61조 및 항공사업법 시행규칙 제64조에 의거하여 피해 구제 신청을 접수했음을 확인합니다.
I hereby confirm that this application for damage redress has been received based on the Article 61 of Aviation Business Act and the Article 64 of Aviation Business Act Enforcement Regulations.

접수일 : 년 월 일 접수자: (소속) ________________ (성명) ________________ (서명) ________________

출처: 에어로케이 홈페이지(https://www.aerok.com/) 내 양식 재구성

ROLE-PLAY

각 Case Study 상황에 맞는 페르소나 승객을 구성하여, 해당 승객의 성격, 요구사항, 특성을 반영한 역할극(Role-play)을 진행해 보자. 이를 통해 다양한 상황에 대처할 수 있는 능력을 기르고, 지상직 직원으로서의 전문성을 더욱 향상시킬 수 있다.

Case 1

		이름	
		국적(3CODE)	
		성별	
		Airline	
		FLT No.	
		Class	
		Departure	
해외 여행 경험		Destination	
여행 목적		PAX S/U	
여행 기간		STD/STA	
동반인		ETD/ETA	
특이사항			
여행지 국가 출입국 규정			

SITUATION

Case 2

		이름	
		국적(3CODE)	
		성별	
		Airline	
		FLT No.	
		Class	
		Departure	
해외 여행 경험		Destination	
여행 목적		PAX S/U	
여행 기간		STD/STA	
동반인		ETD/ETA	
특이사항			
여행지 국가 출입국 규정			

SITUATION

Case 3

		이름	
		국적(3CODE)	
		성별	
		Airline	
		FLT No.	
		Class	
		Departure	
해외 여행 경험		Destination	
여행 목적		PAX S/U	
여행 기간		STD/STA	
동반인		ETD/ETA	
특이사항			
여행지 국가 출입국 규정			

SITUATION

Case 4

		이름	
		국적(3CODE)	
		성별	
		Airline	
		FLT No.	
		Class	
		Departure	
해외 여행 경험		Destination	
여행 목적		PAX S/U	
여행 기간		STD/STA	
동반인		ETD/ETA	
특이사항			
여행지 국가 출입국 규정			

SITUATION

CHAPTER 04

수하물

수하물 처리는 공항에서 승객들이 경험하는 중요한 서비스 영역으로, 승객의 만족도를 좌우하는 핵심 요소 중 하나이다. 제4장에서는 특히 수하물 문제, 예를 들어 분실, 파손 수하물 처리 등 다양한 상황에 대응하는 절차와 방안을 심도 있게 다룬다. 수하물 수취 구역은 비행 후 승객들이 마지막으로 거쳐 가는 공항의 중요한 접점으로, 공항 여정의 마지막 관문이기 때문에 세심하고 전문적인 관리가 필요하다.

여행이 끝난 승객에게 수하물을 전달하는 과정에서 발생할 수 있는 각종 문제를 효과적으로 처리하는 능력은 승객의 최종적인 여행 경험에 중대한 영향을 미친다. 수하물 분실, 파손, 혹은 잘못 도착한 수하물에 대한 처리는 그 자체로 승객의 불만을 초래할 수 있으므로 문제 발생 시 신속하고 효율적인 대응을 통해 승객의 불편을 최소화하고 만족도를 극대화하도록 철저하게 관리되어야 한다.

제4장에서는 수하물 관련 업무에 대한 절차와 문제 해결 방안을 다루며, 이를 통해 공항에서 발생할 수 있는 여러 돌발 상황에 대응할 수 있는 실무적 능력을 기르도록 한다. 이와 같은 능력은 공항 지상직 직원의 전문성을 확립하고, 여행의 마지막 접점에서 승객에게 긍정적인 인상을 남길 수 있게 한다.

SECTION
01 수하물 Lost & Found

1) 수하물 사고 및 배상

수하물 사고 분류

구분	내용	예시
분실 (Lost, Missing)	수하물이 예정대로 운송되지 않거나, 수하물의 현재 위치를 확인할 수 없거나, 제3자에게 인도되어 점유 회복이 불가능한 경우	• Unclaimed Baggage의 관리 소홀 • Name Label 부착 누락 • No Tag(Tag이 찢어짐)과 Mis-loading의 동시 발생
도난 (Pilferage)	위탁 수하물 내 물품이 일부 또는 전부 없어져 현재 점유를 상실한 상태	• 의도적인 행위 • 포장 불량으로 인한 내용품 유실
지연 (Delay)	허용 탑재 중량(Allowable Cabin Load, ACL)으로 인해 수하물이 Off-load되거나 기타 상황으로 수하물 도착이 지연되는 경우	• Left Behind • Mis-tagging • Mis-loading • Interline Baggage Mis-connection
파손 (Damage)	수하물의 외장이나 내용물이 물리적으로 손상되거나 수하물의 고유 성질이 변해 그 경제적 가치가 현저히 감소되거나 상실된 경우	• 운반 시 Rough Handling • 포장 불량 • Fragile Tag이 부착된 수하물이 손상된 경우
미인도 수하물 (Unclaimed Baggage)	승객에게 인도되지 않고 남아 있는 무주 수하물	승객이 수하물을 찾지 않거나 수령하지 않아 공항에 보관되는 수하물

* 위탁 수하물이 지연되어 도착하는 경우, 항공사 규정에 따라 수하물에 대한 배달 비용 발생, 일용품 구입비(OPE), 교통비 지급 등이 발생할 수 있다.

* 파손은 수하물 접수 후 7일 이내 서면 접수, 지연 및 부분 분실은 수하물을 접수했어야 하는 날로부터 21일 이내에 완료되어야 한다.

수하물 배상 규정

- 바르샤바 협약 적용 구간

  – 위탁 수하물: 분실 무게 1kg당 USD 20 또는 그 상당액
  – 휴대 수하물: 항공사 귀책인 물품에 한해 1인당 USD 400 또는 그 상당액
  – 미국, 캐나다, 뉴질랜드, 일본, EU 국가 등

- 몬트리올 협약 적용 구간

  - 1인당 1,288 SDR*의 책임 한도 내
  - 미국, 캐나다, 뉴질랜드, 일본, EU 국가 등

  * SDR(Special Drawing Right, 특별인출권)은 국제통화기금(IMF)이 정의한 국제 기준 통화 단위로, 여러 주요 통화의 가치를 반영한 계산 단위이다.

2) 수하물 Lost & Found 처리 절차

미인도 수하물(Unclaimed Baggage)

- 해당 항공편에서 미인도 수하물을 발견하는 즉시 World Tracer에 OHD File을 등록하여 Matching되도록 한다.
- 3일(72시간) 이내에 승객에 의해 Claim되지 않을 경우, 수하물을 개봉한 후 상세 내용물을 등재하고 귀중품, 보석류, 현금 등은 별도 분리하여 보관하고 LZ에 통보한다.
- 5일(120시간) 이내에 승객에 의해 Claim되지 않은 수하물을 LZ로 송부하고 난 후, 심층 추적 작업을 실시한다.
- 90일 이후에는 미인도 수하물을 폐기 또는 기증 조치한다.

구분	내용
OHD (On-hand Baggage)	주인이 찾아가지 않은 짐, 수하물 수취 구역의 컨베이어 벨트에 남아 있는 짐
LZ (Central Baggage Office)	항공사의 주요 수하물 책임 담당처

* LZ는 Lost & Found를 뜻하는 L과 책임자를 뜻하는 Z가 결합한 축약어이다.

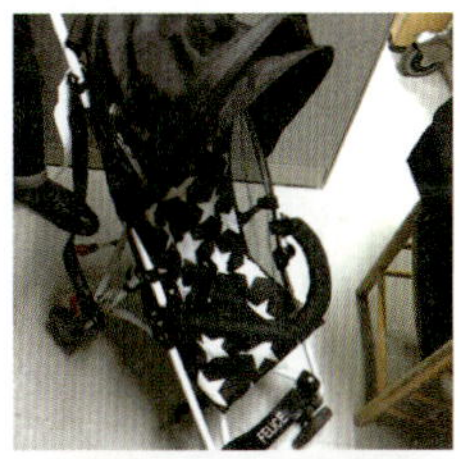

기내 습득물: L/B(Left Behind)

- 항공사의 지상 조업사 Cleaning Team이나 객실 승무원이 습득물을 지상직 직원에게 인수인계한다.
- World Tracer에 등록된 유실물에 대해 승객의 문의가 있을 경우, 일반 위탁 수하물과 동일한 추적 작업과 Call Back 서비스를 진행한다.
- 기내 습득물은 승객이 직접 수령, 대리 수령, 우편 발송 등을 통해 전달한다.

  - 습득물의 대부분인 에어팟, 책, 안경, 인형 등은 항공사가 보관한다.
  - 신분증, 지갑, 현금 등 중요한 물품은 항공사 규정에 따라 일정 기간 동안 보관한 후, 기간 내에 주인이 나타나지 않으면 경찰에게 인계된다.
  - 세관과 관련된 문제가 있는 면세품과 같은 물품은 세관으로 인계하여 보관되도록 한다.

World Tracer

World Tracer는 항공 여객 수하물 추적 시스템으로 IATA에서 개발하고 운영하는 서비스이다. 이 시스템은 수하물 분실, 지연, 파손 등 문제에 대한 추적과 해결을 지원한다. 이는 세계적으로 수많은 항공사가 사용하는 표준화된 플랫폼으로 이를 통해 수하물의 운송 경로와 현재 위치를 추적하고, 분실된 수하물을 찾는다. 또한 항공사 간의 협력을 통해 수하물 처리의 효율성을 증대시키고, 문제를 신속하게 해결할 수 있도록 도와준다.

CASE STUDY 1

⦿ 다음 상황에 맞게 본인이 탑승 게이트 직원이라고 가정하고 해결 방안을 작성해 보자. 좌석에 놓고 내린 물품이 귀중품(돈, 명품 가방 등), 책, 에어팟 등 다양한 종류일 경우, 물품의 중요도에 따라 각각 응대하는 방안을 작성해 보자. 그 후 짝꿍과 Role-play를 진행하기 위해 대본을 작성해 보자.

❖ 승객이 항공기 하기 직후, 좌석에 놓고 내린 물품을 직접 찾기 위해 다시 기내에 들어가겠다고 하는 경우

Key Point

- 모든 승객이 하기 후, 기내에서 나온 L/B 지갑을 객실 승무원으로부터 전달받으면, 그 자리에서 지갑의 발견 장소와 지갑 내 금액 등을 함께 확인한 후 분실물 기록 대장을 작성한다. 지갑에는 소중한 물건이 들어 있을 수 있기 때문에 신속한 처리가 필요하며, 이는 고객의 신뢰를 유지하기 위한 중요한 단계이다. 지갑에는 개인정보가 포함되어 있으므로 정보 유출을 방지하고 안전하게 보관하는 것이 중요하다. 마지막으로, 지갑은 안전한 상태로 승객에게 반환될 수 있도록 수하물 수취 구역의 LL(Luggage & Lost and Found) 부서 담당자에게 전달한다.

CASE STUDY 2

⊙ 다음 상황에 맞게 본인이 탑승 게이트 직원이라고 가정하고 해결 방안을 작성해 보자. 항공기 클리닝 직후 지갑이 발견되었다고 가정하여, 승무원과 지상직 직원의 각 역할과 업무를 생각해 보고, 그에 따른 대응 방안을 마련해 보자. 그 후 짝꿍과 Role-play를 진행하기 위해 대본을 작성해 보자.

❖ 기내에서 객실 승무원으로부터 L/B 지갑을 전달받은 경우

Key Point

- 승객이 항공기에서 하기한 후에는 보안법상 항공기에 들어갈 수 없으므로 지상직 직원은 승객에게 물건을 놓고 내린 장소와 좌석번호 등을 파악하고 직접 기내에 들어가 확인하거나, 객실 승무원에게 상황을 보고하여 승무원을 통해 L/B가 있는지 확인하도록 한다. 승객이 분실한 물품을 찾을 때는 친절하고 이해심 있게 대응하여 승객과의 긍정적인 상호작용을 유지하며 승객의 불편을 최소화하고 신속한 서비스를 제공하는 것이 중요하다.

CASE STUDY 3

⊙ 다음 상황에 맞게 본인이 수하물 부서 직원이라고 가정하고 해결 방안을 작성해 보자. 승객에게 확인해야 할 서류가 무엇인지 살펴보고 그 이유를 생각해 보자. 그 후 관련 서류를 작성해 보는 실습을 진행하고, 짝꿍과 Role-play를 진행하기 위해 대본을 작성해 보자.

❖ 수하물 수취 시 수하물에 바퀴가 빠져 있다고 컴플레인하는 경우

Key Point

- 수하물 수취 시 바퀴가 빠져 있는 상황을 발견한 승객은 즉시 항공사나 수하물 수취 구역에서 컴플레인을 할 것이다. 가능하면 문제가 발생한 수하물의 사진을 찍어서 증거를 확보하고, 빠진 바퀴 상태를 명확히 기록한다. 이 과정에서 직원은 승객에게 탑승권, 여권 사본, 수하물 택 등의 정보를 준비하도록 안내하여, 항공사가 신속하게 연락할 수 있도록 한다. 바퀴 빠짐에 따른 손상에 대한 보상은 항공사 정책에 따라 달라지며, 항공사가 수리 비용 제공 또는 대체 조치를 취할 것이다. 승객이 여행자 보험에 가입되어 있는 경우, 여행자 보험의 배상금액이 더 큰 경우에는 해당 보험을 통해 보상을 청구하도록 안내한다.

⊙ 다음의 두 가지 서류는 수하물 사고 신고서와 배상 동의서이다. 수하물 사고 신고서는 수하물 분실, 파손 등 사고가 발생한 경우 승객이 작성하는 서류이고, 배상 동의서는 수하물 사고 신고를 접수한 후 수하물 상황이나 항공사 규정에 따라 배상이 이루어진 경우 승객에게 받는 서류이다. 앞서 언급한 Case Study 상황을 바탕으로, 짝꿍과 역할을 바꾸어 수하물 직원과 승객의 역할을 맡고 해당 서류를 작성해 보자.

수하물 사고 신고서

Property Irregularity Report (PIR)

Reference No: Report Station:

Missing AHL		Damage DMG		Pilferage PLFR		Switch S/W		On-hand OHD	

NM	Passenger's family name and name on bag (성명)			Tag(s) attached (수하물 표 붙이는 곳)
FD	Carrier-flight number / date (탑승편명/일자)	PR	PNR (예약번호)	
TN	Carrier-bag tag number (수하물 표 번호)			
RT	Routing and / or locations to be traced (탑승구간)			
BR	Baggage itinerary (수하물 여정)			
CT	Colour of baggage and type description (색상/형태)			
BI	Brand name of bag, distinctive outside identification (가방 상표명, 특징)			
CN	Contents (내용물)			
PA	Passenger's permanent address (거주지 주소)	PN	Phone number (전화번호)	
TA	Temporary address (체류지 주소) & Delivery address	TN	Temporary phone number (체류지 전화번호)	
PN	Phone number (전화번호)	E-mail (이메일)		
FF	For more information (기타)			

Damage/Pilferage Information

*Please indicate damage on these drawings.	*Type of damage	*Check one	*Year of purchased
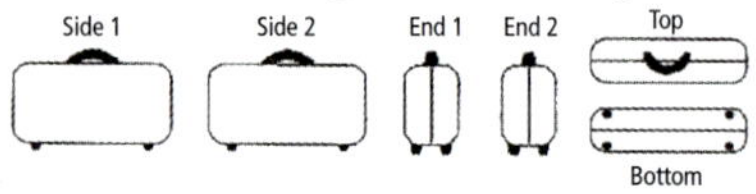	Minor ☐ Major ☐ Total ☐	Repair ☐ Purchase ☐ Compensation ☐	(　　　) *Purchased price (　　　)

BD	Baggage details (수하물 상태)	
CD	Contents damage (파손 내용물)	· Price
LP	Lost property (분실 내용물)	· Price

Supplementary Information

CL	Combination lock (잠금번호)	Key attached to PIR (비밀번호/열쇠 여부) YES ☐ NO ☐	Additional remarks (추가사항)
PP	Passport number (여권번호)	Nationality (국적)	
Details of insurance (보험종류)		Repair amount cost or claimed (수선비 또는 청구액)	
Total number and weight of checked baggage (전체 수하물 개수/중량)		Total number and weight of bag(s) received (인도 수하물 개수/중량)	Total number and weight of bag(s) mishandled (미인도 수하물 개수/중량)
Date of receipt (접수일자 YY/MM/DD)		Passenger's signature (승객 서명)	Agent name (직원 성명)

출처: 에어로케이 홈페이지(https://www.aerok.com/) 내 양식 재구성

배상 동의서

Final Settlement and Release Form

승객 이름 ______________________________

편명/날짜 ______________________________

여정 ______________________________

파일번호/예약번호 ______________________________

승객 연락처 ______________________________

배상 금액 ______________________원 (USD)

사고 유형

☐ 수하물(지연/분실/파손/기타 ______________________)

☐ 초과 예약 ______________________________

☐ 기타 ______________________________

본인은 상기 배상금을 정히 수령하였으며, 본건에 대해서는 향후 ○○항공, ○○항공의 모든 임직원 및 대리인, 보험자 또는 재보험자에게 일체의 배상을 요구치 않을 것임을 확인합니다.

고객 서명 ______________________________

직원 서명 ______________________________

년 월 일

출처: 진에어 홈페이지(https://www.jinair.com/) 내 양식 재구성

CASE STUDY 4

⊙ 다음 상황에 맞게 본인이 수하물 부서 직원이라고 가정하고 해결 방안을 작성해 보자. 해당 직원은 탑승 수속 카운터와 게이트 업무를 직접적으로 핸들링하지 않기 때문에 상황 파악에 어려움이 있을 수 있다. 또한 승객에게 직접적인 설명을 신속히 할 수 없는 상황이 발생할 수 있다. 이런 경우, 해당 직원이 어떤 정보를 승객에게 습득해야 하고 어떤 정보를 제공해야 하는지에 대해 조별로 토론해 보자. 그 후 관련 서류를 작성해 보고 짝꿍과 Role-play를 진행하기 위해 대본을 작성해 보자.

❖ 승객의 수하물이 분실되었거나 도착하지 않은 경우

Key Point

- 승객은 수하물 수취 구역에서 수하물이 분실된 것을 알게 되는 즉시 관련 담당자에게 신고해야 한다. 이 과정에서 직원은 승객에게 탑승권, 여권 사본, 수하물 택 등의 정보를 준비하도록 안내하여, 항공사가 신속하게 연락할 수 있도록 한다. 또한 출발지에서 로딩되지 않은 가방을 추적하고 재확인하는 것도 중요하며, 수하물이 Switch된 경우도 대비한다. 손해 발생 시, 보상은 항공사 정책 및 국제항공 규정에 따라 달라지며, 승객이 보험에 가입한 경우 직접 보험 청구 절차를 따라 처리해야 한다.

⊙ 다음의 두 가지 서류는 수하물 분실 신고서와 수하물에 대한 설명을 작성하는 항목 관련 서류이다. 이러한 서류를 작성함으로써 수하물의 정확한 확인과 추적이 가능해 진다. 앞서 언급한 Case Study에 맞게 짝꿍과 역할을 바꾸어 작성해 보자.

Missing Baggage Questionnaire

Reference No. ____________________

This questionnaire will help us in tracing your missing baggage through the computerized baggage tracing system, and may also be used as the basis for any future claim. If you did not receive your baggage within 5 days after your report, please complete this questionnaire and return to us as soon as possible to the address ______________________________ (write your station's address here)

<table>
<tr><td colspan="3">Name:</td><td colspan="2">Passport/ID No.:
Nationality:</td></tr>
<tr><td colspan="3">Permanent Address:</td><td colspan="2">Telephone No.:</td></tr>
<tr><td colspan="3">Office Addres:</td><td colspan="2">Occupation:</td></tr>
<tr><td>Flight No.:</td><td>Date:</td><td>Booking No.:</td><td>From:</td><td>To:</td></tr>
</table>

1. No. of checked baggage ____________________ / Total weight ______________________ kg
2. No. of baggage missing __________________ Approximate weight ________________ kg
3. Baggage checked at (airport) ____
4. Baggage last seen at ____
5. Baggage checked to (city shown on tag) ____________________________________
6. Was baggage rechecked and new tags issued? _________YES/NO
   If yes, in what airport? ____
7. Was baggage sent there? ____
8. Is your baggage labeled? ____
9. By telephone or in person ____
10. If airline was not notified, state reasons for delay ______________________________

Baggage Description

Type:	Brand Name:
Color:	Material:
Date Purchased:	Cost:

Detailed Description of Contents

Description	Quantity	Date Purchased	Purchase Value
(Total)			

Do you have private insurance covering this loss?

If so, state company and address:

I do hereby certify that the foregoing statement is accurate, complete and true.

______________________________(Date)

※ Please ensure you have enclosed copies of your boarding pass and baggage tags.

ROLE-PLAY

각 Case Study 상황에 맞는 페르소나 승객을 구성하여, 해당 승객의 성격, 요구사항, 특성을 반영한 역할극(Role-play)을 진행해 보자. 이를 통해 다양한 상황에 대처할 수 있는 능력을 기르고, 지상직 직원으로서의 전문성을 더욱 향상시킬 수 있다.

Case 1

<table>
<tr><td colspan="2" rowspan="7"></td><td>이름</td><td></td></tr>
<tr><td>국적(3CODE)</td><td></td></tr>
<tr><td>성별</td><td></td></tr>
<tr><td>Airline</td><td></td></tr>
<tr><td>FLT No.</td><td></td></tr>
<tr><td>Class</td><td></td></tr>
<tr><td>Departure</td><td></td></tr>
<tr><td>해외 여행 경험</td><td></td><td>Destination</td><td></td></tr>
<tr><td>여행 목적</td><td></td><td>PAX S/U</td><td></td></tr>
<tr><td>여행 기간</td><td></td><td>STD/STA</td><td></td></tr>
<tr><td>동반인</td><td></td><td>ETD/ETA</td><td></td></tr>
<tr><td>특이사항</td><td colspan="3"></td></tr>
<tr><td>여행지 국가 출입국 규정</td><td colspan="3"></td></tr>
</table>

SITUATION

Case 2

		이름	
		국적(3CODE)	
		성별	
		Airline	
		FLT No.	
		Class	
		Departure	
해외 여행 경험		Destination	
여행 목적		PAX S/U	
여행 기간		STD/STA	
동반인		ETD/ETA	
특이사항			
여행지 국가 출입국 규정			

SITUATION

Case 3

		이름	
		국적(3CODE)	
		성별	
		Airline	
		FLT No.	
		Class	
		Departure	
해외 여행 경험		Destination	
여행 목적		PAX S/U	
여행 기간		STD/STA	
동반인		ETD/ETA	
특이사항			
여행지 국가 출입국 규정			

SITUATION

Case 4

		이름	
		국적(3CODE)	
		성별	
		Airline	
		FLT No.	
		Class	
		Departure	
해외 여행 경험		Destination	
여행 목적		PAX S/U	
여행 기간		STD/STA	
동반인		ETD/ETA	
특이사항			
여행지 국가 출입국 규정			

SITUATION

CHAPTER 05

방송문

제5장에서는 공항 내에서의 효율적이고 신뢰할 수 있는 의사소통에 필수적인 방송의 중요성에 대해 다룬다. 방송문은 승객들에게 중요한 정보를 전달하는 핵심 도구로, 신속하고 정확한 정보를 제공함으로써 승객들의 신뢰를 얻고 불안감을 최소화하는 역할을 한다. 이 장에서는 탑승 수속 카운터와 탑승 게이트에서 꼭 필요한 방송과 다양한 상황에서 신속히 대응할 수 있는 방송문을 제시하고, 이를 통해 승객들에게 혼란 없이 명확한 정보를 전달하는 능력을 배양하는 데 중점을 둔다.

방송문은 공항 내 곳곳에서 울려 퍼지기 때문에 그 중요성이 더욱 부각된다. 특히 지연 안내, 비정상 상황 공지, 게이트 변경 안내 등 다양한 상황에 맞춘 정확한 전달이 필수이다. 한국어와 영어로 명확히 방송하는 능력은 공항에서 제공해야 할 중요한 서비스 중 하나이다. 이를 통해 승객에게 효율적이고 편리한 여행 경험을 제공하고, 공항 내 원활한 소통을 돕는 중요한 역할을 수행할 수 있다.

SECTION 01 Check-in Counter 방송문

1) Counter Open

안녕하십니까? 지금부터 ○○항공 ○○961편, 하노이행의 탑승 수속을 시작하겠습니다. 승객 여러분께서는 여권과 항공권 및 수하물을 소지하고 H13번에서 H20번 카운터로 나오시어 차례대로 수속을 받아 주시길 바랍니다. 아울러 몸이 불편하시거나, 현재 임신 중인 승객께서는 수속 시 직원에게 말씀해 주시기 바랍니다. 오늘도 저희 ○○항공을 이용해 주셔서 대단히 감사합니다.

Good morning, ladies and gentleman. We are ready for check in for ○○Air flight ○○961 bound for Hanoi. Passengers are kindly requested to check in at counters H13 to H20 with your passport, ticket and luggage ready. If you are feeling unwell or are a passenger currently pregnant, please inform the staff during check in. On behalf of ○○Air, we wish you a pleasant flight. Thank you.

2) Passenger Paging

○○항공에서 승객을 찾습니다. ○○항공 ○○879편 다낭으로 출발하시는 ○○○ 승객, ○○○ 승객께서는 수속하셨던 카운터로 다시 한번 나와 주시길 바랍니다. 감사합니다.

○○Air passenger paging. Passenger Mr./Ms. _______________, passenger Mr./Ms. _______________. ○○Air flight ○○879 bound for Da Nang. Please come to check in counter once again. Thank you.

3) Counter Open Delay

○○항공에서 수속 지연에 대해 죄송한 안내 말씀 드리겠습니다. ○○항공 ○○885편 마닐라행의 항공기는 ______________로 인해 수속이 지연되고 있습니다. 준비가 완료되는 대로 새로운 수속 시간을 안내하겠사오니, 승객 여러분께서는 카운터 근처에서 잠시만 더 기다려 주시길 바랍니다. 승객 여러분께 불편을 끼쳐드려 대단히 죄송합니다.

수속 지연 사유: ○○공항의 현지 기상 악화, 항공기 연결 관계, 수속 시스템 오류, 수하물 시스템 오류, 공항 시스템 문제

May I have your attention please. ○○Air flight ○○885 bound for Manila is being delayed due to ____________. We will start check in as soon as we are ready. Passengers on this flight please wait until further announcement. We are sorry for this inconvenience.

Counter Open Delay Reason: Bad Weather Condition of ○○Airport, Aircraft Connection, Check-in System Problem, Baggage Sorting System Problem, Airport System Problem

4) Counter Close

○○항공에서 탑승 수속 마감 안내 말씀 드리겠습니다. ○○항공 ○○863편 호찌민행의 탑승 수속이 곧 마감될 예정이오니, 아직까지 탑승 수속을 마치지 않으신 승객께서는 속히 카운터로 나오시어 탑승 수속을 마쳐 주시길 바랍니다. 감사합니다.

May I have your attention please. This is the final check in call for ○○Air flight ○○863 bound for Ho Chi Minh City. All remaining passengers please proceed to the check in counter immediately. Thank you.

SECTION 02 Boarding Gate 방송문

1) Priority Boarding

안녕하십니까? ○○항공 ○○961편, 하노이행의 탑승을 시작할 예정입니다. 먼저, 도움이 필요하시거나 유아를 동반하신 승객분들께서는 탑승구 앞으로 나와 주시길 바랍니다. 또한 기내 혼잡을 피하기 위해 좌석번호별 탑승을 시작할 예정이오니 탑승권에 적힌 좌석번호를 확인해 주시고, 17열에서 32열로 배정받으신 승객분들께서는 지금 탑승구 앞으로 나와 주시길 바랍니다.

아울러, 보안 검색 강화에 따라 항공기 내에는 물, 커피, 주스와 같은 액체류는 반입할 수 없습니다. 탑승하실 때는 휴대폰, 지갑 등 잊으신 물건이 없는지 다시 한번 주위를 확인해 주시길 바랍니다. 탑승 시 여권과 탑승권을 확인하고 있사오니, 여권의 사진 면을 펼쳐서 탑승권과 함께 저희 직원에게 보여 주시길 바랍니다. 잠시 후 탑승을 시작하겠습니다. 감사합니다.

May I have your attention please. We will now begin boarding for ○○Air flight ○○961 bound for Hanoi. We are now ready to start boarding. Passengers needing special assistance and traveling with infants or children, please proceed to the gate for priority boarding. Also to avoid cabin congestion, passengers row number 17 to 32, please board first.

According to enhanced security level, all liquid items including water, coffee and juice are restricted to be on board with passengers. When you board, please kindly check for any personal belongings you may have forgotten, such as your mobile phone or wallet. Please present your boarding pass and passport with the photograph page open and ready for inspection by our gate staff. A boarding call will be made shortly. Thank you for flying with us, and enjoy your flight.

2) Boarding

안녕하십니까? 지금부터 ○○항공 ○○961편, 하노이행의 탑승을 시작하도록 하겠습니다. 오늘도 저희 ○○항공과 함께 즐거운 여행 되시길 바랍니다. 감사합니다.

May I have your attention please. We will now begin boarding for ○○Air flight ○○961 bound for Hanoi. Thank you for flying with ○○Air and we wish you a pleasant flight. Thank you.

3) Final Call

○○항공에서 마지막 탑승 안내 말씀 드리겠습니다. 10시 50분 출발 예정인 ○○항공 ○○961편, 하노이행의 항공기는 탑승을 마감하고 출발할 예정이오니, 아직까지 탑승하지 않으신 승객분들께서는 속히 115번 탑승구로 탑승하여 주시길 바랍니다. 감사합니다.

May I have your attention, please. This is the final boarding call for ○○Air flight ○○961 bound for Hanoi, scheduled to depart at 10:50. All remaining passengers, please proceed to gate 115 for boarding immediately. Thank you.

4) Gate Change

○○항공에서 탑승구 변경에 관해 안내 말씀 드리겠습니다. ○○항공 ○○979편 푸꾸옥행 항공기의 탑승구가 123번에서 131번으로 변경되었습니다. 승객 여러분께서는 변경된 131번 탑승구에서 대기해 주시기 바랍니다. 승객 여러분께 불편을 끼쳐드려 대단히 죄송합니다.

Ladies and gentlemen, may I have your attention, please. ○○Air flight ○○979 bound for Phu Quoc, has changed its boarding gate, from 123 to 131. Please stand by at gate number 131. Thank you for your cooperation.

5) Boarding Delay

○○항공에서 승객 여러분께 죄송한 안내 말씀 드리겠습니다. ___시 ___분 출발 예정이던 ○○항공 ○○4160편 타이베이행 항공기는 _________로 인해 탑승이 지연될 예정입니다. 새로운 탑승 시간은 결정되는 대로 알려드리겠사오니, 탑승구 주변에서 잠시만 기다려 주시길 바랍니다. 승객 여러분께 불편을 끼쳐드려 대단히 죄송합니다.

지연 사유: ○○공항 현지 기상 악화, 항공기 안전 점검, 기내 준비 관계, 항공기 연결 관계

May I have your attention, please. ○○Air flight ○○4160, departing time __ : ___, bound for Taipei will be delayed due to __________. Please remain in the departure area until a further boarding announcement is made. We are sorry for this inconvenience, and your kind understanding will be appreciated.

Delay Reason: Bad Weather Condition of ○○Airport, Aircraft Maintenance, Cabin Preparation, Aircraft Connection

6) Cancel

○○항공에서 승객 여러분께 죄송한 안내 말씀 드리겠습니다. ○○항공 ○○5869편 칭다오행 항공기는 _________로 인해 결항되었습니다. 지금부터 승객 여러분의 출국 취소를 위한 안내를 실시할 예정이오니, 승객 여러분께서는 여권과 탑승권을 소지하시고 112번 탑승구로 와 주시기를 바랍니다. 또한 면세품을 구입하신 승객은 탑승구로 오시어 저희 직원의 안내를 받아 주시기를 바랍니다. 승객 여러분께 불편을 끼쳐드려 대단히 죄송합니다.

결항 사유: ○○공항 현지 기상 악화, 항공기 안전 점검, 기내 준비 관계, 항공기 연결 관계

Ladies and gentlemen, may I have your attention, please. ○○Air flight ○○5869, bound for Qingdao, has been cancelled due to _________. Passengers for this flight are requested cancellation of immigration screening. Please have your passport and boarding pass ready and come to gate 123 for further arrangements. We are sorry for the inconvenience. Thank you.

Cancel Reason: Bad Weather Condition of ○○Airport, Aircraft Maintenance, Cabin Preparation, Aircraft Connection

APPENDIX

부록

SECTION 01 Airline Key Word

여객

승무원을 제외하고 운송인의 동의하에 항공기로 운송되거나 운송될 사람을 말한다.

운송

수송과 동의어로서 무상이나 유상으로 행하는 여객 또는 수하물의 항공 우송을 말한다.

운송인

항공 운송인을 의미하는 것으로서 항공권을 발행하는 항공 운송인과 동 항공권에 의거하여 여객 또는 그 수하물을 운송하거나 당해 항공 운송에 관련되는 기타 서비스를 이행하거나 이행할 것을 위임받은 항공 운송인을 포함한다.

협약

1929년 10월 12일에 바르샤바에서 조인된 '국제항공에서의 일부 규칙의 통일에 관한 협약(이하 바르샤바 협약이라고 칭함)' 또는 1955년 9월 28일에 헤이그에서 개정된 '협약(이하 개정 바르샤바 협약이라고 칭함)' 또는 1999년 5월 28일에 몬트리올에서 개정된 '국제항공운송에 있어서의 일부 규칙 통일에 관한 협약(이하 몬트리올 협약이라 칭함)' 중에서 적용되는 내용을 말한다.

항공권

운송인에 의하여 발행된 '여객 항공권 및 수하물 영수표' 또는 '전자 항공권'을 의미하며, 계약 조건, 고지사항, 항공권의 일부인 모든 쿠폰을 포함한다.

탑승용 쿠폰

항공권의 일부분으로서 여객이 운송될 특정 구간을 명시한 쿠폰을 말한다. 전자 항공권인 경우 전자 쿠폰을 말한다.

여객용 쿠폰

여객 항공권의 일부분으로 여객과 운송 계약을 증명하는 증거 서류를 말한다.

전자 항공권

항공사 혹은 항공사를 대신해 발행한 전자 항공권 확인증(Receipt/Itinerary), 전자 쿠폰을 말한다.

전자 항공권 확인증

항공사가 전자 항공권으로 여행하는 승객에게 발행하는 승객 성명, 항공편, 고지사항을 포함한 문서를 말한다.

제 비용 청구서

MCO(Miscellaneous Charge Order)란 운송인 또는 그 대리인에 의해 발행되는 증표로서 동 증표에 기재된 사람에게 여객 항공권의 발행 또는 적절한 서비스의 제공을 요청하는 증표를 말한다. 전자 환경인 경우, 전자 제 비용 청구서(Electronic Miscellaneous Document, EMD)를 말한다.

불가항력

여객이 통제할 수 없는 특별하고 예측 불가한 상황으로, 모든 주의를 기울이고 있음에도 불구하고 당해 결과를 피할 수 없었거나 없는 경우를 말한다. (단, 교통상황 또는 항공편의 취소 등은 제외한다.)

통상 운임

통상적인 항공 운송에 설정된 비할인 운임이며, 동 운임을 적용할 경우에는 특별히 제한된 항공권 유효기간 또는 기타 특별한 조건의 구속을 받지 않는다.

특별 운임

통상 운임 이외의 운임을 말한다.

연결 항공권

한 여객에게 동시에 발행되는 2매 이상의 항공권으로서 단일 운송 계약을 형성한다.

도중 체류

여행의 중단과 동의어로서 여객과 운송인의 사전 합의하에 출발지와 목적지 간의 지점에서 의도적으로 여객이 여행을 중단하는 것을 말한다.

목적지

운송 계약에 명시된 최종 도착지를 말한다. 왕복 또는 일주 여행 시의 목적지는 출발지와 동일 지점이 된다.

탑승 수속 마감시간

여객이 탑승 수속과 탑승권 수령을 완료해야 하는, 항공사에 의해 정해진 시간을 말한다.

소아

할인을 목적으로 하는, 2세 이상 12세 미만의 사람을 말한다.

유아

할인을 목적으로 하는, 2세 미만의 사람을 말한다.

수하물

여객이 자신의 여행과 관련하여 착용하거나 사용하거나 안락 또는 편의를 위해 필요한 물품, 용품 및 기타 휴대품을 의미하며, 별도로 명시되지 않은 한 위탁 수하물 및 휴대 수하물을 포함한다.

위탁 수하물

여객이 유효한 항공권과 함께 제출한 물품에 대해 운송인이 접수하고 수하물 표를 발행한 수하물을 말한다.

휴대 수하물

위탁 수하물 이외의 수하물을 말한다.

수하물 표

위탁 수하물의 식별과 운송을 위해 발행되는 증표이다.

수하물 영수표

여객의 위탁 수하물 운송에 있어 운송인이 동 위탁 수하물의 영수증으로서 발행하는 항공권의 일부분을 말한다.

왕복 여행

왕편 또는 복편의 운임이 동일한지 여부를 불문하고 한 지점으로부터 타 지점으로 여행하고 왕편과 동일한 항공로를 통해 출발 지점에 복귀하는 여행 또는 한 지점으로부터 타 지점으로 여행하되 왕편과 상이한 항공로를 통해 출발 지점에 복귀하는 여행으로, 왕편 및 복편에 동일한 통상 직행 편도 운임이 설정되어 있는 경우의 여행을 말한다.

프랑스 골드프랑

순도 1000분의 900의 금 65.5밀리그램으로 구성되는 프랑스의 화폐 단위 프랑을 말한다.

SECTION

02 Basic(Time/Month/Day) Code

1) Time

구분	English
1시	One o'clock
2시	Two o'clock
3시	Three o'clock
4시	Four o'clock
5시	Five o'clock
6시	Six o'clock
7시	Seven o'clock
8시	Eight o'clock
9시	Nine o'clock
10시	Ten o'clock
11시	Eeleven o'clock
12시	Tweleve o'clock

2) Month

구분	English		구분	English	
1월	JAN	January	7월	JUL	July
2월	FEB	February	8월	AUG	August
3월	MAR	March	9월	SEP	September
4월	APR	April	10월	OCT	October
5월	MAY	May	11월	NOV	November
6월	JUN	Jun	12월	DEC	December

3) Day

구분	English	구분	English
1일	First	17일	Seventeenth
2일	Second	18일	Eighteenth
3일	Third	19일	Nineteenth
4일	Forth	20일	Twentieth
5일	Fifth	21일	Twenty first
6일	Sixth	22일	Twenty second
7일	Seventh	23일	Twenty third
8일	Eighth	24일	Twenty fourth
9일	Ninth	25일	Twenty fifth
10일	Tenth	26일	Twenty sixth
11일	Eleventh	27일	Twenty seventh
12일	Twelfth	28일	Twenty eighth
13일	Thirteenth	29일	Twenty ninth
14일	Fourteenth	30일	Thirtieth
15일	Fifteenth	31일	Thirty–First
16일	Sixteenth		

구분		English	
월	1	MON	Monday
화	2	TUE	Tuesday
수	3	WED	Wednesday
목	4	THU	Thursday
금	5	FRI	Friday
토	6	SAT	Saturday
일	7	SUN	Sunday

* 항공 운항 요일을 숫자로 표기한다. 즉 월요일은 1, 화요일은 2, ..., 일요일은 7이다.
예시) 1, 2, 3은 월, 화, 수(주 3회 운항), X4는 목요일을 제외한 운항, 1234567은 매일 운항을 나타낸다.

SECTION 03 Phonetic Alphabet

구분	English	발음법	구분	English	발음법
A	Alfa	**AL**FAH	N	November	NO**VEM**BER
B	Bravo	**BRAH**VOH	O	Oscar	**OSS**CAH
C	Charlie	**CHAR**LEE	P	Papa	PAH**PAH**
D	Delta	**DELL**TAH	Q	Queen	KEH**BECK**
E	Echo	**ECK**OH	R	Romeo / Rima	**ROW**MEOH
F	Fox	**FOKS**TROT	S	Smile / Sierra	SEE**AIR**AH
G	Golf	**G**OLF	T	Tango	**TANG**GO
H	Hotel	HOH**TELL**	U	Uniform	**YOUNEE**FORM
I	India	**IN**DEEAH	V	Victor	**VIK**TAH
J	Juliett	**JEW**LEEETT	W	Whiskey	**WISS**KEY
K	Kilo	**KEY**LOH	X	X-Ray	**ECK**SRAY
L	Lima	**LEE**MAH	Y	Yankee	**YAN**GKEY
M	Mike	**M**IKE	Z	Zulu	**ZOO**LOO

SECTION 04

Airline Code

2 CODE	Airline Code	
3U	SICHUAN AIRLINES	사천항공
4V	PARATA AIR	파라타항공
5J	CEBU PACIFIC	세부항공
7C	JEJU AIR	제주항공
8M	MYANMAR AIRWAYS INTERNATIONAL	미얀마 국제항공
8Y	PAN PACIFIC AIRLINES	팬퍼시픽항공
9C	SPRING AIRLINES	춘추항공
AA	AMERICAN AIRLINES	아메리칸항공
AC	AIR CANADA	에어캐나다
AF/KL	AIR FRANCE/KLM	에어프랑스/네덜란드항공
AI	AIR INDIA	에어인디아
AM	AERO MEXICO	아에로멕시코
AY	FINNAIR	핀에어
BA	BRITISH AIRWAYS	영국항공
B7	UNI AIR	유니항공
BR	EVA AIRWAYS	에바항공
BI	ROYAL BRUNEI	로열 브루나이 항공
BX	AIR BUSAN	에어부산
CA	AIR CHINA	중국 국제항공
CI	CHINA AIRLINES	중화항공
CX	CATHAY PACIFIC	캐세이퍼시픽
CZ	CHINA SOUTHERN AIRLINES	중국 남방항공

2 CODE	Airline Code	
D7	AIR ASIA X	에어아시아엑스
DL	DELTA	델타항공
EK	EMIRATES AIRLINE	에미레이트항공
ET	ETHIOPIAN AIRLINES	에티오피아항공
EY	ETIHAD AIRWAYS	에티하드항공
FM	SHANGHAI AIRLINES	상해항공
GA	GARUDA INDONESIA	가루다 인도네시아 항공
GJ	LOONG AIR	룽에어
GS	TIANJIN AIRLINES	톈진항공
HA	HAWAIIAN AIRLINES	하와이안항공
HY	UZBEKISTAN AIRWAYS	우즈벡항공
HX	HONGKONG AIRLINES	홍콩항공
HZ	AURORA AIRLINES	오로라항공
IT	TIGERAIR TAIWAN	타이거에어 타이완 항공
JL	JAPAN AIRLINES	일본항공
JQ	JETSTAR AIRWAYS	젯스타항공
KC	AIR ASTANA	에어아스타나
KE	KOREAN AIR	대한항공
LH	LUFTHANSA	독일항공
LJ	JIN AIR	진에어
LO	LOT PHOLISH AIRLINES	폴란드항공
MF	XIAMEN AIRLINES	하문항공
MH	MALAYSIA AIRLINES	말레이시아항공
MM	PEACH AVIATION	피치항공
MU	CHINA EASTERN AIRLINES	중국 동방항공
NH	ALL NIPPON AIRWAYS	전일본공수
NX	AIR MACAU	에어마카오
NZ	AIR NEW ZEALAND	에어뉴질랜드

2 CODE	Airline Code	
OM	MIAT MONGOLIAN AIRLINES	미아트 몽골 항공
OZ	ASIANA AIRLINES	아시아나항공
PR	PHILIPPINE AIRLINES	필리핀항공
QH	BAMBOO AIRWAYS	뱀부항공
QR	QATAR AIRWAYS	카타르항공
QV	LAO AIRLINES	라오항공
QW	QINGDAO AIRLINES	청도항공
RS	AIR SEOUL	에어서울
R3	YAKUTIA AIR	야쿠티아항공
RF	AERO K	에어로케이항공
S7	SIBERIA AIRLINES	시베리아항공
SC	SHANDONG AIRLINES	산동항공
SQ	SINGAPORE AIRLINES	싱가포르항공
SU	AEROFLOT RUSSIAN AIRLINES	아에로플로트 러시아 항공
TG	THAI AIRWAYS	타이항공
TK	TURKISH AIRLINES	터키항공
TW	T'WAY AIR	티웨이항공
TR	SCOOT TIGERAIR PTE. LTD.	스쿠트 타이거 항공
UA	UNITED AIRLINES	유나이티드항공
UO	HONG KONG EXPRESS	홍콩익스프레스
VJ	VIETJET AIR	비엣젯항공
VN	VIETNAM AIRLINES	베트남항공
XJ	THAI AIR ASIA X	타이 에어 아시아 엑스
Z2	PHILIPHINE AIR ASIA	필리핀 에어 아시아
ZA	SKY ANGKOR AIRLINES	스카이 앙코르 항공
ZE	EASTARJET	이스타항공
ZG	ZIP AIR	집에어
ZH	SHENZHEN AIR	심천항공

SECTION

05 IATA 2/3-Letter Code

1) Asia

Country Code				City / Airport Code		
한글	영문	2-Letter	3-Letter	한글	영문	3-Letter
대한민국	Republic of Korea	KR	KOR	서울 - 인천	Seoul - Incheon	SEL - ICN
				서울 - 김포	Seoul - Gimpo	SEL - GMP
				부산	Busan	PUS
				제주	Jeju	CJU
				대구	Daegu	TAE
				청주	Cheongju	CJJ
				무안	Muan	MAX
				양양	Yangyang	YNY
				광주	Gwangju	KWJ
				여수	Yeosu	RSU
				포항	Pohang	KPO
				울산	Ulsan	USN
				사천	Sacheon	HIN
				군산	Gunsan	KUV
일본	Japan	JP	JPN	가고시마	Kagoshima	KOJ
				간사이 (오사카)	Kansai	KIX
				구마모토	Kumamoto	KMJ
				구시로	Kushiro	KUH
				고베	Kobe	UKB
				기타큐슈	Kitakyushu	KKJ

Country Code				City / Airport Code		
한글	영문	2-Letter	3-Letter	한글	영문	3-Letter
일본	Japan	JP	JPN	나가사키	Nagasaki	NGS
				나고야	Nagoya	NGO
				나리타 (도쿄)	Narita	NRT
				다카마쓰	Takamatsu	TAK
				도쿄	Tokyo	TYO
				도야마	Toyama	TOY
				마쓰야마	Matsuyama	MYJ
				미야자키	Miyazaki	KMI
				삿포로	Sapporo	CTS
				센다이	Sendai	SDJ
				시즈오카	Shizuoka	FSZ
				아사히카와	Asahikawa	AKJ
				오사카	Osaka	OSA
				오키나와	Okinawa	OKA
				요나고	Yonago	YGJ
				우베 (야마구치)	Ube	UBJ
				하네다 (도쿄)	Haneda	HND
				후쿠시마	Fukushima	FKS
				후쿠오카	Fukuoka	FUK
				히로시마	Hiroshima	HIJ
중국	China	CN	CHN	상하이 / 상해	Shanghai	SHA
				상하이 / 상해 (푸동)	Sanghai Pudong	PVG
				베이징 / 북경	Beijing	BJS (PEK)
				칭다오 / 청도	Qingdao	TAO
				웨이하이 / 위해	Weihi	WEH

Country Code				City / Airport Code		
한글	영문	2-Letter	3-Letter	한글	영문	3-Letter
중국	China	CN	CHN	옌지 / 연길	Yanji	YNJ
				옌타이 / 연태	Yantai	YNT
				톈진 / 천진	Tianjin	TSN
				창춘 / 장춘	Changchun	CGQ
				쿤밍 / 곤명	Kunming	KMG
				란저우 / 난주	Lanzhou	LHW
				다롄 / 대련	Dalian	DLC
				황산	Hwangshan	TXN
				하이커우 / 해구	Haikou	HAK
				무단강 / 목단강	Mudanjiang	MDG
				닝보 / 영파	Ningbo	NGB
				난징 / 남경	Nanjing	NKG
				광저우 / 광주	Guangzhou	CAN
				창사 / 장사	Changsha	CSX
				하얼빈 / 합이빈	Harbin	HRB
				싼야 / 삼아	Sanya	SYX
				충칭 / 중경	Chongqing	CKG
				스좌장 / 석가장	Shijiazuang	SJW
				항저우 / 항주	Hangzhou	HGH
				선전 / 심천	Shenzhen	SZX
				구이린 / 계림	Guilin	KWL
				시안 / 서안	Xian	SIA
				청두 / 성도	Chengdu	CTU
				선양 / 심양	Shenyang	SHE
				지난 / 제남	Jinan	TNA
				타이위안 / 태안	Taiyuan	TYN

Country Code				City / Airport Code		
한글	영문	2-Letter	3-Letter	한글	영문	3-Letter
중국	China	CN	CHN	원저우 / 온주	Wenzhou	WNZ
				센양 / 함양	Xianyang	XIY
				샤먼 / 하문	Xiamen	XMN
마카오	Macau	MO	MAC	마카오	Macao	MFM
홍콩	Hong Kong	HK	HKG	홍콩	Hong Kong	HKG
싱가포르	Singapore	SG	SGP	싱가포르	Singapore	SIN
베트남	Vietnam	VN	VNM	호찌민 / 사이공	Ho Chi Minh City	SGN
				하노이	Hanoi	HAN
				다낭	Da Nang	DAD
				나트랑 / 나짱	Nha Trang	CXR
				달랏	Da Lat	DLI
				푸꾸옥	Phu Quoc island	PQC
				하이퐁	Hai Phong	HPH
				껀터	Can Tho	VCA
필리핀	Philippines	PH	PHL	마닐라	Manila	MNL
				칼리보	Kalibo	KLO
				세부	Cebu	CEB
				클락	Clark–field	CRK
태국	Thailand	TH	THA	방콕	Bangkok	BKK (DMK)
				치앙마이	Chiang Mai	CNX
				치앙라이	Chiang Rai	CEI
				핫야이	Hat Yai	HKT
				후아힌	Hua Hin	HHQ
				코사무이	Koh Samui	USM
				크라비	Krabi	KBV
				콘깬	Khon Kaen	KKC

Country Code				City / Airport Code		
한글	영문	2-Letter	3-Letter	한글	영문	3-Letter
태국	Thailand	TH	THA	우돈타니	Udon Thani	UTH
				우본 랏차타니	Ubon Ratchathani	UBP
				푸껫	Phuket	HKT
말레이시아	Malaysia	MY	MYS	코타키나발루	Kotakinabalu	BKI
				쿠알라룸프르	Kuala Lumpur	KUL
				페낭	Penang	PEN
브루나이 다루살람	Brunei Darussalam	BN	BRN	반다르 세리 베가완	Bandar Seri Begawan	BWN
캄보디아	Cambodia	KH	KHM	프놈펜	Phnompenh	PNH
				씨엠립 / 시엠레아프	Siemreap	REP
미얀마	Myanmar	MM	MMR	양곤 / 랑곤	Yangon	RGN
대만	Taiwan	TW	TWN	타이베이	Taipei	TPE
				가오슝	Kaohsiung	KHH
				타이중	Taichung	RMQ
				타이난	Tainan	TNN
홍콩	Hongkong	HK	HKG	홍콩	Hongkong	HKG
네팔	Nepal	NP	NPL	카트만두	Kathmandu	KTM
방글라데시	Bangladesh	BD	BGD	치타공	Chittagong	CGP
				다카	Dhaka	DAC
인도네시아	Indonesia	ID	IDN	덴파사르 발리	Bali	DPS
				자카르타	Jakarta	JKT (CGK)
				롬복	Lombok	LOP
인도	India	IN	IND	델리	Delhi	DEL
				뭄바이 (뭄베이)	Mumbai	BOM
				방갈로르	Bangalore	BLR

Country Code				City / Airport Code		
한글	영문	2-Letter	3-Letter	한글	영문	3-Letter
인도	India	IN	IND	아메다바드	Ahmedabad	AMD
				콜카타	Kolkata	CCU
				하이데라바드	Hyderabad	HYD
				첸나이	Chennai	MAA
				트리반드럼	Trivandrum	TRV
				코치	Kochi	COK
				고아	Goa	GOI
				가야	Gaya	GAY
				바라나시	Varanasi	VNS
				캘리컷	Calicut	CCJ
몰디브	Maldives	MV	MDV	말레	Male	MLE
스리랑카	Sri Lanka	LK	LKA	콜롬보	Colombo	CMB
라오스	Laos	LA	LAO	비엔티안	Vientiane	VTE
카자흐스탄	Kazakhstan	KZ	KAZ	알마티	Alamaty	ALA
				아스타나 / 누르술탄	Nursultan	TSE
우즈베키스탄	Uzbekistan	UZ	UZB	타슈켄트	Tashkent	TAS
키르기스스탄	Kyrgyzstan	KG	KGZ	비슈케크	Bishkek	FRU
				오시	Osh	OSS
파키스탄	Pakistan	PK	PAK	이슬라바마드	Islamabad	ISB
				카라치	Karachi	KHI
				라호르	Lahore	LHE
				페샤와르	Peshawar	PEW
괌	Guam	GU	GUM	사이판	Saipan	SPN
러시아	Russia	RU	RUS	사할린스크	Sakhalinsk	UUS

Country Code				City / Airport Code		
한글	영문	2-Letter	3-Letter	한글	영문	3-Letter
러시아	Russia	RU	RUS	하바롭스크	Khabarovsk	KHV
				블라디보스토크	Vladivostok	VVO
				이르쿠츠크	Irkutsk	IKT
				노보시비르스크	Novosibirsk	OVB
				야쿠츠크	Yakutsk	YKS

2) Oceania

Country Code				City / Airport Code		
한글	영문	2-Letter	3-Letter	한글	영문	3-Letter
호주	Australia	AU	AUS	시드니	Sydney	SYD
				멜버른	Melbourne	MEL
				브리즈번	Brisban	BNE
				퍼스	Perth	PER
뉴질랜드	New Zealand	NZ	NZL	오클랜드	Auckland	AKL
				크라이스트처치	Christchurch	CHC

3) America

Country Code				City / Airport Code		
한글	영문	2-Letter	3-Letter	한글	영문	3-Letter
미국	United States of America	US	USA	애틀랜타	Atlanta	ATL
				보스턴	Boston	BOS
				덴버	Denver	DEN
				댈러스	Dallas	DFW
				디트로이트	Detroit	DTW

Country Code				City / Airport Code		
한글	영문	2-Letter	3-Letter	한글	영문	3-Letter
미국	United States of America	US	USA	호놀룰루	Honolulu	HNL
				워싱턴	Washington	IAD
				휴스턴	Houston	IAH
				뉴욕	New York	JFK
				라스베이거스	Las Vegas	LAS
				로스앤젤레스	Los Angeles	LAX
				마이애미	Miami	MIA
				미니애폴리스	Minneapolis	MSP
				시카고	Chicago	ORD
				포틀랜드	Portland	PDX
				필라델피아	Philadelphia	PHL
				샌디에이고	San Diego	SAN
				시애틀	Seattle	SEA
캐나다	Canada	CA	CAN	밴쿠버	Vancouver	YVR
				토론토	Toronto	YYZ
				오타와	Ottawa	YOW
				몬트리올	Montreal	YMQ
				캘거리	Calgary	YYC
				퀘벡시티	Quebec City	YQB
				빅토리아	Victoria	YYJ
멕시코	Mexico	MX	MEX	멕시코	Mexico	MEX
아르헨티나	Argentina	AR	ARG	부에노스아이레스	Buenos Aires	BUE
브라질	Brazil	BR	BRA	상파울로	Sao Paulo	SAO
				리우데자네이루	Rio de Janeiro	RIO

4) Middle East Asia

Country Code				City / Airport Code		
한글	영문	2-Letter	3-Letter	한글	영문	3-Letter
쿠웨이트	Kuwait	KW	KWT	쿠웨이트	Kuwait	KWI
오만	Oman	OM	OMN	무스카트	Muscat	MCT
아랍 에미리트	United Arab Emirate	AE	ARE	두바이	Dubai	DXB
				아부다비	Abu Dhabi	AUH
이란	Iran	IR	IRN	테헤란	Teheran	IKA
이스라엘	Israel	IL	ISR	텔아비브	Tel Aviv	TLV
요르단	Jordan	JO	JOR	암만	Amman	AMM
리비아	Libya	LY	LBY	트리폴리	Tripoli	TIP
카타르	Qatar	QA	QAT	도하	Doha	DOH
시리아	Syria	SY	SYR	다마스쿠스	Damascus	DAM
사우디 아라비아	Saudi Arabia	SA	SAU	리야드	Riyadh	RUH
				메디나	Medinah	MED
				담맘	Dammam King Fahad	DMM
				제다	Jeddah	JED

5) Europe

Country Code				City / Airport Code		
한글	영문	2-Letter	3-Letter	한글	영문	3-Letter
덴마크	Denmark	DK	DNK	코펜하겐	Copenhagen	CPH
프랑스	France	FR	FRA	파리	Paris	CDG
독일	Germany	DE	DEU	베를린	Berlin	BER
				프랑크푸르트	Frankfurt	FRA
				뮌헨	Munich	MUC
그리스	Greece	GR	GRC	아테네	Athens	ATH

Country Code				City / Airport Code		
한글	영문	2-Letter	3-Letter	한글	영문	3-Letter
이탈리아	Italy	IT	ITA	로마	Rome	FCO
				베니스	Venice	VCE
				암만	Amman	AMM
				밀라노	Milano	MXP
스페인	Spain	ES	ESP	마드리드	Madrid	MAD
				바르셀로나	Barcelona	BCN
스웨덴	Sweden	SE	SWE	스톡홀름	Stockholm	ARN
스위스	Switzerland	CH	CHE	취리히	Zurich	ZRH
크로아티아	Croatia	HR	HRV	자그레브	Zagreb	ZAG
헝가리	Hungary	HU	HUN	부다페스트	Budapest	BUD
튀르키예	Republic of Turkiye	TR	TUR	이스탄불	Istanbul	IST
영국	United Kingdom	GB	GBR	런던	London	LHR
				맨체스터	Manchester	MAN
러시아	Russia	RU	RUS	모스크바	Moscow	SVO
				상트페테르부르크	St. Petersburg	LED
				사마라	Samara	KUF

6) Africa

Country Code				City / Airport Code		
한글	영문	2-Letter	3-Letter	한글	영문	3-Letter
이집트	Egypt	EG	EGY	카이로	Cairo	CAI
나이지리아	Nigeria	NG	NGA	라고스	Lagos	LOS
				아부자	Abuja	ABV
마다가스카르	Madagascar	MG	MGD	노지베	Nosy Be	NOS
				안타나나리보	Antananarivo	TNR

Country Code				City / Airport Code		
한글	영문	2-Letter	3-Letter	한글	영문	3-Letter
남아프리카 공화국	Republic of South Africa	ZA	ZAF	요하네스버그	Johannesburg	JNB
				케이프타운	Cape Town	CPT
				더반	Durban	DUR

참고문헌

이경태, 이태규(2020). 항공 여객운송, 백산출판사.

이유나, 전애은(2018). 항공사 지상직 직원의 직무역량이 직무몰입과 이직의도에 미치는 영향. 관광레저연구, 30(1), 243-265.

이유나, 전애은(2019). 항공사 지상직 직원의 직무역량이 직무만족과 고객지향성에 미치는 영향. 관광레저연구, 31(9), 371-389.

전애은, 이유나(2020). 공항 지상직 직원의 긍정심리자본이 정서적 몰입과 조직시민행동에 미치는 영향. 관광레저연구, 32(9), 431-451.

전애은, 이유나(2023). 코로나-19 상황에서 공항 지상직 직원이 경험한 심리적 소진의 회복과정에 관한 현상학적 연구. 관광연구저널, 37(2), 131-145.

나무위키 https://namu.wiki/w/ABTC

농림축산검역본부 https://www.qia.go.kr/

대한민국 외교부 https://www.mofa.go.kr/www/index.do

대한항공 https://www.koreanair.com/kr/ko/footer/customer-support/e-forms

베트남항공 https://www.vietnamairlines.com/kr/ko/home

비엣젯항공 Ground Operation Manual

싱가포르항공 https://www.singaporeair.com/ko_KR/kr/home

아시아나항공 https://flyasiana.com/C/KR/KO/contents/disabled-passenger

에어부산 https://www.airbusan.com/content/common/policy/transitClause

에어로케이 https://www.aerok.com/kr/cscenter/download

에어프레미아 https://www.airpremia.com/kr/ko/customer/archive

외교부 여권안내 https://www.passport.go.kr/

외교부 해외안전여행 https://www.0404.go.kr/

인천국제공항 https://www.airport.kr/ap/ko/index.do

진에어 https://help.jinair.com/hc/ko/sections/4408904791577

타이항공 https://www.thaiairways.com/ko_KR/index.page

티웨이항공 https://www.twayair.com/app/customerCenter/dataform

필리핀 에어아시아 Ground Operation Manual

한국교통안전공단(2024). 2024 항공정보 매뉴얼 https://www.airsafety.or.kr

항공보안365 https://www.avsec365.or.kr/avsc/mainMobile.do

ABTC 발급시스템 https://abtc.kita.net/

IATA https://www.iata.org/en/programs/cargo/dgr/dgr-guidance-passengers/

IATA TIMATIC https://www.timaticweb2.com/

약력 이유나

세종대학교 대학원 호텔관광경영학 박사

현) 한양여자대학교 항공과 겸임교수

신구대학교 항공서비스과 겸임교수

경기도 소비자정책위원회 위원

전) 관광 빅데이터 분석 전문기업 책임연구원

베트남 비엣젯항공 한국지사 인천국제공항지점 항공여객운송총괄직 매니저

금호 아시아나 KA 인천국제공항지점 항공여객운송서비스직 외항기팀